영화평론 32

Korean Film Critiques 2020

영화평론 제32호
Korea Film Critiques

발행일	2020년 12월 31일
발행인	황영미
편집인	송아름, 윤필립
발행처	(사)한국영화평론가협회

편집/인쇄	한국학술정보(주)
주 소	경기도 파주시 회동길 230
전자우편	booktory1118@kstudy.com
전 화	031-940-1118　　**팩 스**　　031-940-9933

ISSN	2636-0330
ISBN	979-11-6603-328-5　93680

영화화 평론

Korean Film Critiques vol.32

목 차 contents

Korean Film Critiques

기획특집

영평·영평상의 시간
영평 창립 60주년과 영평상 40회 톺아보기

잊지 못할 '영평'의 창립과 재탄생
초심 지키려 버틴 60여년의 세월

김종원

1
4.19의 격랑 속에 출발한 5인의 항해

어느새 60년이란 세월이 흘렀다. 하지만 아련하기는커녕 불과 한 두 해 전의 일처럼 선명하게 떠오른다. 한국영화비평가협회가 만들어지던 그 시절, 우리는 4.19 학생의거의 함성이 귓전에 감도는 1960년 6월 초여름, 서울 명동의 엠프레스다방에 있었다. 창가에 앉으면 6.25전쟁 때 폭격을 맞아 거의 폐허가 된 옛 명동공원이 내려다보이는 2층 건물이었다. 이곳에는 이어령, 이철범 등 문학평론가와 박서보, 문우식, 하인두 등 화백, 뒷날 국립묘지 현충탑은 만든 최기원 조각가, 이일, 방근택 등 미술평론가들이 자주 드나들었다.

여기서 우리라고 한 이영일(李英一) 씨와 필자는 그날 영화평론가협회의 창립과 회원 구성에 대해 결론을 내릴 계획이었다. 먼저 조직의 명칭을 한국영화비평가협회와 한국영화평론가협회 두 안을 놓고 협의 끝에 전자로 정하고 회원 구성에 들어갔다. 김정옥(金正鈺), 노만(魯晩) 씨까지는 쉽게 정해졌으나 더 이상 마땅한 후보자가 떠오르지 않았다.

생각 끝에 이영일 씨가 정우영(鄭又榮) 씨는 어떠냐고 물었다. 그는 이 해 조선일보 신춘문예에 시나리오 「빼앗긴 일요일」이 당선되면서 영화계에 알려지기 시작한 신인이었다. 그는 이에 앞서 동아일보 신춘문예 시부문에 입선(1957)한 전력이 있다, 이때 필명이 정벽봉(鄭僻峰)이다. 필자는 그의 영화에 대한 열정과 글 솜씨를 알고 있었기에 반대하지 않았다. 대학 졸업을 앞둔 필자 역시 1년 전에 월간 '사상계'(1959년 2월호) 신인작품을 통해 문단에 데뷔한 처지라, 영평의 조직 속에 들어오면 평필을 들 수 있겠다는 생각을 하게 됐다. 하지만 이렇게 꾸려도 겨우 5인밖에 안 되었다.

당시 유두연, 허백년, 이봉래, 유한철, 이진섭 등과 같은 기성 영화평론가들이 있긴 했으나 각기 영화감독, 시나리오, 영화기획 분야로 빠져 나가 우경식 씨 정도가 잡지나 신문에 영화평을 쓰는 정도였다. 그러다보니 영화평론을 주업으로 하는 사람이 없었다. 필자는 월간종합지《자유공론》1959년 11월호에 「한국영화평론의 위기와 과제」와 격월간 형태의《시나리오문예》12월호에 「현실과 앙가즈망의 계곡」이라는 제목으로 르네 클레망 감독의 〈금지된 장난〉과 김기영 감독의 〈십대의 반항〉에 대한 비교론을 쓴 바 있어 겨우 영화계에 얼굴을 내민 정도였다.

이밖에 영화단평을 쓰는 일간지 문화부 기자들이 있었으나 이영일 씨는 철저하게 배제하려 했다. 그런 글은 영화소개지 영화평이라 볼 수 없고 문화부 기자라는 직책상 쓰게 된 것으로, 그 자리에서 물러나면 영화와는 거리를 두게 될 것이라는 인식을 갖고 있었다. 그의 이런 생각이 달라지기 시작한 것은 바둑 친구이기도 한 이명원(주간한국 문화부장)씨와 정영일(조선일보 문화부장), 호현찬(전 동아일보 지자, KBS 심의위원), 임영(전 대한일보 편집부국장), 김진찬(서울신문사 주간부국장) 씨 등 언론계 인사들을 영입한 1978년 전후의 시기였다.

영평 창립 30주년 때. 왼쪽부터 김종원, 변인식, 허창 회원. 사토 다다오 부인 유현목 감독 사토 다다오 일본 영화평론가, 이영일 회원 내외분, 손기상 당시 영평 회장.

아무튼 이영일 씨를 비롯한 김정옥, 노만, 정우영, 김종원 등 5인으로 출발한 한국영화비평가협회는 1960년 7월6일 명동 중국요리점 대홍운(大鴻運)에서 창립식을 갖고 대표간사에 이영일, 총무간사에 김종원, 기획 간사에 김정옥씨를 뽑았다. (한국일보/ 해외문화단신, 1960년 7월8일자) 우스운 얘기지만 회장이 지명하지 않고 간사까지 무기명 투표로 경선하였다.

그때 문학평론가이기도 한 이영일씨는 평화신문 문화부장으로 재직했고, 파리 소르본느대학을 나온 김정옥씨는 59년부터 신설된 중앙대 연극영화과에 출강하며 〈사랑의 함정〉(1960, 강찬우 감독)의 시나리오를 썼다. 이 시기에 노만 씨는 여원사의 교양신서 『다시 보고 싶은 영화』(1959), 세계의 위인신서 『세계의 배우 70인』(1960)을 출간했다.

이영일씨는 자신이 데스크를 맡은 평화신문(1960년 8월27일자)에 필자로 하여금 영화시평('영화인의 양심')을 쓰게 하고 '영평 회원'으로 소개 했다. 아울러 '문화단신' 난을 통해 《영화예술》의 발행을 알리며 '영화평협 협찬지'로서 필자를 상임편집위원이라고 했다.

이렇게 영평(한국영화평론가협회의 약칭)의 초기는 노만씨를 제외한 회원들이 모두 문학과 관련된 인사들이었다. 이영일씨는 문학평론 외에도 공동시집 『현대의 온도』(1957)를 낸 바 있으며, 김정옥(金正鈺, 1932~)씨 또한 1959년 《사상계》 신인작품 공모를 통해 등단한 시인이었다. 필자 역시 1957년 월간 《문학예술》과 59년 《사상계》 시 추천으로 문단에 등단했으니, 이 나라의 영화평단이 무색할 정도였다. 결코 바람직한 일이 아니었으나 해방 후의 한국영화평론은 박인환, 이봉래, 이진섭 등과 같은 문사들이 주도하다시피 했다.

영평은 34세인 정우영(1927~2018년, 평남 진남포)씨와 그보다 다섯 살 아래인 29세의 동갑 이영일(1932~2001, 평북 구성), 김정옥(1932~ 전남 광주)씨, 24세의 대학생인 필자(1937~ 제주)까지 열 살, 또는 다섯 살 터울로 이뤄졌다.

그러나 이듬해 5,16쿠데타로 집권한 군사정부에 의해 모든 문화단체가 해체되는 돌발적인 사태에 이르면서 '미니 영평'도 일을 시작해보지도 못한 채 해체되고 만다.

2
오늘에 이른 영평의 재기와 구성

　　한국영화평론가협회가 부활의 깃발을 올린 것은 그로부터 4년여 만이었다. 이번에도 영평의 재건에 나선 것은 이영일 씨와 필자였다. 김정옥 씨는 극단 민중극장의 〈대머리 여가수〉 등의 연출로 바빴고, 노만 씨는 그 사이 월간 《국제영화》와 《사상계》 등에 게재한 원고를 정리해 펴낸 『한국영화사』(1964, 등사판)를 교재로 한양대와 한국배우전문학원에 나가느라 영평의 일에는 관심을 보이지 않았다. 결국 우리가 나설 수밖에 없었다.

　　이영일 씨는 이미 1965년 4월 숙원이었던 월간 《영화예술》을 창간하고 8호까지 낸 상태였다. 당시 월간 《농원》과 《주부생활》의 자매지 《학원》의 기자였던 필자는 《영화예술》의 고정 필자로 참여하면서 표지는 물론 광고 도안까지 해주었다. 이렇게 두 사람이 자주 만나다 보니 자연히 영평의 재발족에 대한 얘기를 하지 않을 수 없었다. 여기에는 그동안 동면에 들어갔던 문화단체들이 여기저기서 기지개를 편 것도 큰 자극제가 되었다. 이러다간 한해를 넘기게 될 참이었다.

　　더 이상 늦출 수 없다고 판단한 우리는 11월 10일 발족을 목표로 정관을 다듬고 회원 구성에 들어갔다. 이번에는 최악의 상황이었던 4년 전과는 달랐다. 《영화예술》지의 창간을 계기로 작품 평이나 시론, 감독론을 쓰는 필진이 형성되었기 때문이다. 앞의 정우영씨는 빠지더라도 최일수, 황운헌, 최성규, 이진형, 변인식 씨 등 영입 대상이 5,6명이나 되었다.

　　1955년 조선일보 신춘문예에 문학평론 「현대문학과 민족의식」 당선으로 문단에 나온 최일수(崔一秀, 1924~1995, 전남 목포)씨는 서울신문 문화부 차장 자리에 있으면서 영화평도 썼고, 대한일보 문화부 기자인 황운헌(黃雲軒, 1931~2002, 함경도 단천) 씨 또한 월간 《문학예술》과 《사상계》(1958)의 추천을 받은 시인이었으나 영화평에도 열의를 보였다. 부산일보 문화부 소속 서울 주재 기자인 최성규(崔性圭, 1927~2004, 경남 창령) 씨의 경우는 춘사 30주기를 앞두고 「나운규 정론」(부산일보, 1965년 4월15일~7월27일)을 35회 분량으로 집필하여 이듬해 연합영화사로 하여금 〈나운규 일생〉(1966,최무룡 감독, 주연)을 만들게 하는 데에 기여했다. 이진형(李進珩, 생년 미상) 씨는 《영화예술》지에 'TV월평'을 담당하면서 외국영화평도 썼다.

　　당시 서울 만리동 소재 균명고등학교 교사였던 변인식(1938~2015, 서울) 씨는

《영화예술》지에 「이탈리안 네오리얼리즘론」과 「미켈란젤로 안토니오니론」 2회 추천(이영일)을 받아 영화평단에 입문하였다. 이를 계기로 그 뒤 장석용씨와 조혜정 씨도 이 관문을 통과하였다.

그런데 이 분들이 영평에 들어와도 회원이 9명밖에 되지 않았다. 이왕이면 10명을 채워보자는 욕심이 생겼다. 생각 끝에 나온 결론이 대상의 확대였다. 서울에만 극한 시킬게 아니라 지방에서도 찾아보자는 것이었다. 그래서 먼저 거론된 후보가 부산일보 문화부장인 허창(許彰, 1927~2000, 경남 충무) 씨였다. 그는 신문에 영화평을 쓰면서 부일영화상의 업무를 돕고 있었다.

이 시절 《영화예술》의 애독자 가운데는 한양대 연극영화과 재학생인 정용탁, 최영철, 백일성과 고려대 불문학과의 안세철 등이 있었다. 정, 백, 안 세 학생은 《영화예술》 부설 시나리오, TV드라마연구소(5개월 과정) 수강생이었고 최영철은 시네클럽 회원이었다. 정용탁, 최영철, 안세철 씨는 뒷날 영평 회원이 된다. 백일성 씨는 1994년 〈한줌의 시간 속에서〉로 영화감독이 되었다.

한국영화60주년 기념 제11회 영평 심포지엄(1979년 12월13일~14일 영화진흥공사 시사실) 때 특별 상영한 〈자유만세〉 관람 후. 앞줄 왼쪽부터 박용구 음악평론가, 한형모 감독, 최금동 시나리오작가. 뒷줄 정용탁, 호현찬, 안병섭, 임영, 이영일, 김종원, 손기상, 김진찬, 최일수 회원.

이런 과정을 거쳐 1960년 한국영화비평가협회의 회칙과 인원을 계승한 한국영화평론가협회가 비로소 1965년 11월10일 오후 6시30분 영화예술사 근처인 서울 을지로 3가 중국요리점 안동장(安東莊)에서 새 출발을 하게 된다. 김정옥, 이진형 씨와 부산의 허창씨는 총회에 위임하고 불참하였다. 이때도 관행대로 회장을 포함한 세 명의 간사까지 투표로 결정하였다.

그 결과 ◇회장: 이영일 5표, 김정옥 2표. ◇총무간사: 김종원 4표, 노만 2표, 황운헌 1표. ◇기획간사: 노만 5표, 최일수 2표였다.

이렇게 출발한 영평은 첫 사업으로 1966년 3월12일 제1회 심포지엄 「한국영화의 점검」(사회 김종원)을 개최하게 된다. 노만의 「한국영화의 사적 개관」, 이영일의 「한국영화에 있어서의 모럴의 전개」, 황운헌의 「한국영화의 테마」, 김정옥의 「한국영화의 형식」이 그것이다.

3
회원의 증가와 잊을 수 없는 일화

영평이 활성화되기 시작한 것은 1970년 가을 UCLA 영화학교 대학원 과정을 마치고 귀국한 하길종이 그 이듬해 영평에 들어오면서부터였다. 그는 서울대학교 불문과 시절부터 『태(胎)를 위한 과거분사』라는 시집을 냈을 만큼 글 솜씨가 뛰어났다. 실제로 영화평도 썼다. 72년에는 그동안 공석으로 남아 있던 기획간사 직을 맡아 이영일, 필자 양체제에서 정상적인 삼각 체제로 전환하게 되었다. 그는 술을 좋아해 회원 가운데는 변인식 씨와 주로 어울려 명동의 굴 보쌈 '싸리집'을 자주 드나들었다. 술을 못 마시는 필자도 그의 성화에 못 이겨 두세 번 따라간 적이 있다. 술이 거나해지면 그의 입에서는 푸념 섞인 독설이 나왔다. 한번은 함께 자리한 화천영화공사 황기성 기획실장에게 백지 한 장을 건네며 영평의 발전을 위한 기금을 내겠다는 약속을 하라고 했다. 어찌 보면 취중에 나온 장난 같았지만 그는 진지한 표정으로 황기성 실장에게서 받은 각서를 필자에게 건네었다.

이런 시기에 그는 이영일(한국영화의 도전적 실천), 변인식(한국영화의 현실)씨와 함께 단성사 시사실에서 개최된 영평 제4회 심포지엄에서 「구미영화의 새 조류」를 발표했다. 그 이듬해에는 「한국영화의 방향을 찾는다」라는 주제로 제5회 심포지엄(발표자 이영일, 최일수)을 2시간 사용료 7천원을 내고 종로1가 YMCA 2층 친교실에서 가졌다. 이때 서울경찰국 소속 정보원이 참관하여 집행부를 긴장케 했다. 살벌했던 유신정권 시절의 한 단면이라고 할 수 있다. 1974년 1월28일이었다.

이 무렵 현대연기학원 원장이자 『신 배우술』(1967)의 저자인 한 한재수 씨와 《여성동아》(1971년 9월호)의 별책부록 『시네마 반세기 명화수첩』을 집필한 안병섭 동아일보 문화부 기자, 제1회 동아일보 영화평론 당선자인 치과의사 윤흥렬 씨, 《영화예술》의 평론 추천을 받은 안세철 신인이 영평의 새 가족이 되었다. 이중 윤흥렬 씨는 하길종 기획간사의 적극적인 추천으로 입회하여, 회의에 한두 번 참석했으나 다시 얼굴을 볼 수 없었다.

뒤이어 부산 출신인 여수중(시나리오작가, 부산씨네클럽 지도위원), 임창수 (MBC-TV 영화부장)씨와 정용탁(한양대 강사)씨, 1971년 서울신문 신춘문예에 영화평론 〈영화를 보는 눈〉으로 당선한 홍파 씨와 50년대 중반부터 수필과 평필을 들며 바둑에 관한 글을 써온 최백산 씨도 이 대열에 합류하였다. 이렇게 70년대 중반에 이르면서 영평 회원은 20명 선을 돌파하게 된다.

여러 차례 열린 영평 심포지엄 가운데 하나인 제10회 「한국영화는 개혁돼야 한다」(1978년 9월30일)와 12회 「한국영화의 좌표」(1980년 12월5일, 영화진흥공사 시사실)의 일간지 보도 기사.

그런데 회원은 증가했으나 직장에 얽매이거나 다른 일로 빠져나가 자연히 일은 집행부인 이영일 씨와 필자가 나눠 할 수밖에 없었다. 기획 간사만 하길종, 한재수, 안병섭 씨로 바뀌었을 뿐이다. 이런 상황은 1979년까지 지속되었다. 영평이 타의에 의해 해체된 4년간을 제외한 15년여의 기간을 거의 두 사람이 집권(執權) 아닌 집권(集權)을 한 셈이 되었다.

이 사이에 기획 간사를 맡고 있던 하길종 씨와 창립회원인 변인식 씨가 조직에서 이탈하는 일이 벌어진다. 72년 하길종 씨가 메가폰을 잡은 〈화분〉(1972, 하명중, 최지희 주연)이 계기가 되었다. 이 영화가 이 해 말에 열린 제9회 청룡영화상에서 〈석화촌〉(작품상) 〈소장수〉(감독상)와 같은 향토색 짙은 작품에 밀려 수상권에서 벗어난 것처럼 알려지자 심사위원인 유한철 씨가 "하 감독은 능력도 있고 열심히 만든 것으로 인정되나 능력과 열을 기울였다고 해서 반드시 좋은 작품이라는 판정을 받을 수 없다. 분명히 〈화분〉은 스토리나 등장인물과 행동상에 파졸리니의 〈테오레마〉와 유사성이 너무 많다.(「'청룡영화' 심사 이론(異論)에 답한다」(조선일보, 1972년 3월14일자)고 나서자 하감독이 같은 지면에 "〈화분〉과 〈테오레마〉가 추구하는 테마는 근본적으로 유사함을 인정한다."고 하면서도 "〈테오레마〉를 분석한 눈으로 〈화분〉을 봤다면 다른 기회에 〈화분〉을 다시 바르게 분석할 기회가 있기를 바란다"(「영화를 보는 눈, '화분'의 이론에 대하여」, 3월2일자)고 반박했다.

여기에 변인식이 가세했다. "이 작품이 비록 한 젊은 영화작가가 만든 다소 난해한 작품이었다 할지라도 그토록 저명한 심사위원들의 눈에서 벗어날 수 있겠느냐"며 '보수'라는 두루마기와 '수구'라는 망건을 쓴 '현대판 대원군'의 잔치'라고 비꼬았다.(「영화적 색맹성 -영화 '화분'이 제기한 문제점」, 일간스포츠, 1972년 4월1일자)

이를 계기로 변인식 씨와 하길종 감독은 한해가 저물어가는 1972년 12월10일 비평부재의 우리 영화계에서 보다 바람직한 영화예술의 길잡이가 되겠다며 현대영화비평가그룹(회장 변인식)을 만들게 된다. 일부 대학강사와 기자의 이름을 회원 명단에 올린 영화비평가그룹은 72년도 「한국영화 베스트 텐」으로 〈무녀도〉(최하원) 〈석화촌〉(정진우) 〈소장수〉(김효천), 〈충녀〉(김기영) 등과 함께 〈화분〉(하길종)을 선정하였다. 그 후 현대영화비평가그룹은 이 같은 행사를 몇 차례 더 했으나 변인식 씨와 한 축을 맡고 있던 하길종 감독이 〈수절〉(1973), 〈바보들의 행진〉(1975) 등의 연출에 매진하면서 오래 못가 와해되고 말았다. 그 뒤를 이은 것이 이장호, 김호선 감독 등과 합세하여 만든 '영상시대'이다. 그러나 청년영화운동을 표방한 이 모임은 주목을 받았으나 3년을 채우지 못하고 해체하지 않으면 안 되었다.

결국 영평에서 이탈한 변인식 씨가 다시 돌아오기까지는 10년이 넘는 세월이 필요했다. 그 사이 영평상 시상식이 다섯 차례나 개최되었다. 그의 복귀를 적극적으로 도운 이가 유현목 감독이었다. '괘씸죄'로 한차례의 부결 끝에 총회가 받아들임으로써 늦게나마 합류의 기회를 갖게 되었다. 신우식 제6대 회장 때였다. 초창기 멤버였던 변 회원이 1990년에 이르러서야 11대 회장이 된 이유이기도 하다.

영평상 얘기를 하다 보니 첫 시상식을 집행한 제2대 정일몽 회장의 모습이 떠오른다. 1980년도 정기 총회(4월15일)를 1주일가량 앞둔 봄날 오후였다. 체구가 큰 여수중 씨(1928~1990) 가 필자의 근무처로 찾아왔다. 사전에 전화도 없이 지나다가 잠시 들른 것처럼 말했으나 용건이 따로 있었다. 이번 총회 때 김형이 회장으로 뽑힐 것으로 아는데 아직 젊으니 이번에는 정일몽 씨를 먼저 뽑는 게 어떻겠느냐고 했다.

사실상 모임의 분위기는 창립 발기인으로 이영일 회장을 도와 장기간 총무간사 일을 해온 필자를 당연히 차기 회장으로 여기는 분위기였다. 여수중 씨는 마흔이 넘은 나이에 〈독짓는 늙은이〉(최하원 감독)와 〈나도 인간이 되련다〉(유현목 감독, 이상 1969)를 각색하고 뒤늦게 충무로에 나타났다. 이론에 강한 일본통이었다.

필자는 여수중 씨의 제의에 좀 당황했으나 조직을 위해 받아들이기로 했다. 78년에 이르러 뒤늦게 영평에 들어온 정일몽(1919~2012)씨는 초창기 KBS TV의 PD를 거쳐 〈빼앗긴 일요일〉(1962)과 〈남자 조종법〉(1963) 두 편의 영화를 만든 전력이 있었다. 70년대 초에 나온 월간지 《실버 스크린》에도 TV평과 영화평을 썼다. 60대에 이른 최연장자 정일몽 회장과 50대 초반의 여수중 총무간사, 50대 중반의 최일수 기획간사로 짜인 제2대 집행부는 영평사상 가장 나이가 많은 인적 구성이라는 기록을 남기게 된 셈이다.

정일몽 2대 회장에 이어 3대 회장으로 필자가 선출되고 언론계 출신인 김진찬 서울신문사 주간국 부국장(4대), 영화 〈갯마을〉(1965), 〈만추〉(1966)를 기획 제작한 호현찬(5대), 날카로운 필치의 이명원(6대), 상대를 배려하는 신사풍의 신우식(7대), 유현목 감독과 대작(對酌)을 즐긴 허창(8대), 프랑스 통인 안병섭(9대)씨가 회장직을 이어 받았다. 모두 1년 임기였다.

그런데 제10대 조관희(서울신문사 주간국 국장) 회장에 이르러 회칙이 2년 임기제로 바뀌게 된다. 이렇게 일할 수 있는 기간이 주어진데 대해 그는 회지 《영화평론》을 창간하는 것으로 보답했다.

영평 60년을 돌아볼 때 많은 감회에 빠지게 된다. 그동안 후회스러운 일도 있었지만, 좋고 보람 있는 일도 적지 않았다. 영평은 필자에게 자극을 주고 노력하게 만들었다. 스스로 채찍질 하고 정진하지 않았다면 그냥 '나이 값도 못하는 꼰대'로 주저앉고 말았을 것이다. 이는 모두 영평이 베풀어준 은덕이 아닐 수 없다. 예순 해 전 고작 다섯 명이 심은 작은 씨앗이 자라 이제 90여개의 풍성한 잎으로 볼 수 있게 됐다는 것은 큰 기쁨이 아닐 수 없다. 격변하는 시대에 서로 추구하는 방향과 이념이 달라도 오직 영화라는 목적을 향해 걸어온 영평의 모습이 대견하고 자랑스럽다.

《영화평론》 창간 기념 겸 송년회(1989. 12. 신문회관) 때. 왼쪽부터 이영일, 필자, 최지희, 신성일.

아픈 자성의 시대, 80년대
- 영평상의 경향(1) 1980-1989

정재형 (영화평론가)

1
전반적인 특징

1) 황혼의 60년대, 마지막 남은 거장 유현목의 불꽃

80년대 영화계의 두드러진 세대교체는 1980년 유현목의 〈사람의 아들〉 수상을 계기로 60년대 대표감독들이 완전히 사라졌다는 것이다. 이제 충무로는 70년대 활약했던 감독들 일부와 80년대 갓 등장한 신인들의 경합 무대가 되었다. 1979년 유현목은 〈장마〉를 통해 60년대 활약했던 대표감독의 역작을 다시 선보이며 그의 후반기 인생을 화려하게 시작했다. 마지막 걸작으로 평가되는 〈사람의 아들〉이 제1회 영평상을 수상하면서 평론가들의 스포트라이트를 받게 되었다.

2) 60년대 막내 이두용, 임권택의 원숙함

한국영화를 국제무대에 먼저 알린 것은 임권택 보다 이두용이었다. 〈여인잔혹사: 물레야 물레야〉가 시카고 영화제에 촬영상을 받으면서 이두용의 영화는 국제무대에서 주목을 받았다. 이후 한동안 이두용과 임권택은 라이벌로서 한국영화계를 풍성하게 만든 존재들이었다. 둘의 공통점은 전통적 서정성에 기반한 역사사회의식의 표출이다. 다른 점은 이두용은 역동적이며 임권택은 정태적이란 점이다. 하지만 80년대 중반이후 둘의 길은 너무도 판이하게 달라진다. 극장산업에 손을 댔던 이두용은 본업인 감독 보다 제작자나 기업인의 길을 가게 된다. 이후 〈돌아이〉 시리즈 등 그동안 쌓아올렸던 작가의식을 일거에 무너뜨리는 오락영화의 방향으로 비틀거리게 된다. 반면 임권택은 민족고유의 미학적 바탕을 더욱 건실하게 굳혀가면서 국제무대에서 독보적인 한국영화 감독 일인자 자리를 굳혀나간다. 영평상은 둘의 진실을 증언하듯 보여준다.

3) 70년대 청년문화기수의 변모

"1980년대의 이장호의 영화는 동시대의 민중적 민족주의에 근거한 민중문화운동의 본격적인 영화적 실천이라는 데서 그 의의를 찾아 볼 수 있다"[1] 이 서술은 70년대 하길종, 김호선과 더불어 영상시대 출신이었던 이장호의 변신을 지적하는 말이다. 대마초 사건이후 침잠해있던 이장호는 현실의식을 갖고 다시 깨어난다. 재개발사업과 뿌리 뽑힌 민초들의 설움을 그린 〈바람불어 좋은 날〉로 시작한 80년대는 이장호를 새로운 신인 아닌 신인처럼 재등장시킨다. 〈어둠의 자식들〉, 〈과부춤〉, 〈바보선언〉, 〈나그네는 길에서도 쉬지 않는다〉 등 걸작을 생산해 내며 80년대 한국사회를 증언해 나간 70년대 청년문화기수의 변모다.

---

1) 조지훈, 1970-80년대 민중문화운동과 한국영화, 영화연구, 61호, 2011, 348쪽

4) 80년대 메가톤급 무서운 신인의 등장

80년대 배창호의 등장은 잠잠하던 한국영화계를 일거에 무너뜨렸던 용가리급 감독의 외침이었다. 이장호 사단으로 출발한 그는 이장호의 새출발과 동시에 출발한 신인이다. 스승인 이장호의 〈바람불어 좋은 날〉의 짝퉁, 하지만 훌륭한 모범답안 〈꼬방동네 사람들〉로 등장한 그는 이어 스승을 놀라운 속도로 잡아먹는 괴력을 보인다. 대중들은 그의 대중영화를 한동안 사랑했다. 그에게 70년대 까지 보였던 한국영화의 두 가지 강박증이 사라졌기 때문이다. 영화는 예술적이어야 한다는 강박증과 벗기는 호스테스물이라는 자괴감이었다. 80년대 광주의 억압과 고통을 고스란히 담고는 있으나 위선적으로 예술영화를 표방하지 않았다. 그렇다고 극단적으로 도피적이지도 않은 청년세대의 명랑한 모습을 담았다. 소위 '뚱뚱하지만 영리한 여우' 배창호의 나름대로 합리적인 한국 대중영화가 처음 출현한 것이다.

5) 80년대 세 아이콘 임권택, 안성기, 배창호

80년대는 무엇보다 세 명을 기억해야 한다. 임권택이 국민감독으로 등극한 것은 80년대의 칼바람덕분이다. 안성기 역시 이후 국민배우가 되었다 함은 80년대 작품들 특히 배창호의 작품들에서 기인한 것이라 해도 과언이 아니다. 자연스레 배창호는 80년대 그의 독무대였다. 동아수출공사, 이우석대표, 이권석상무, 최인호작가, 이명세조감독, 그리고 이장호의 후원 등이 배창호의 태반이었으나 기특하게도 배창호는 그들에게서 벗어나 독자적인 길을 뚜벅 뚜벅 걸어가 새로운 한국영화의 개척자가 되었다. 한편, 영평상은 이들 세 명의 아이콘을 키워낸 킹 메이커 역할을 톡톡히 한다.

2
시기별 특징

1) 제 1회 1980년 〈사람의 아들〉의 해

제 1회 영평상은 유현목 감독의 〈사람의 아들〉이 4개 부문을 석권하면서 노장감독에 바치는 헌사가 되어버렸다. 유현목 감독의 존재는 한국영화사에서 과거와 현재를 잇는 가교역할을 하던 독특한 위치로 평가된다. 50년대말에 데뷔하여 60년대, 70년대 전성기를 거치면서 올드 제너레이션 한국 명장의 반열에 올랐으면서도 70년대 영상시대, 동서영화연구회, 소형영화동호회 등의 청년세대 영화인들과의 교류를 통해 미래 한국영화를 짊어질 뉴 제너레이션을 지지해준 든든한 버팀목은 유일하게 유현목이었다. 영평상은 한국영화평론가협회 창립 20주년만에 처음 만든 영화제에서 유현목의 독보적인 위치에 손을 들어주었다는 상징적인 의미가 있다. 또한 유현목은 한국영화평론가협회(이하 '영평')의 설립멤버들과의 돈독한 유대관계를 형성해온 충무로 감독으로 유명하다. 이영일, 김종원, 임영, 호현찬 등 주류 영화평론가들의 평론활동에 유난히 깊은 애정을 갖고 있었고 평론과 제작을 분리하지 않으며 평론을 오히려 중시해온 그의 인문학적 성찰성마저도 첫 해 수상을 석권한 이유중의 하나가 아니었을까 추측해본다. 영화를 단지 오락과 상업의 상품가치로만 생각해온 당시 충무로 주류 영화계에서 유현목의 비평에 대한 애정은 영평회원들의 열렬한 지지를 받는 상황으로 이어진 게 분명하다. 영평 역시 유현목의 영화 특히 수상작 〈사람의 아들〉을 문학의 시녀로서가 아니라 이문열의 소설을 뛰어넘는 영화예술성의 모본으로 상찬하며 이후 영평수상의 기준이 되는 예술영화의 준거점으로 정초한 계기가 주어졌던 거라 평가한다.

아쉬운 것은 영평이 이두용감독의 〈최후의 증인〉에 최불암에게 주는 연기상 하나만을 주고 끝났다는 점이다. 이 작품은 "군사독재시절의 암울한 시절을 배경으로 '미제사건'을 파헤치면서 크고 작은 권력들이 자행하는 폭력의 역사를 담고 있는"[2] 걸작이다. 돌이켜보면 2020년 작품상을 수상한 〈남산의 부장들〉은 〈최후의 증인들〉의 후예다. 이러한 흐름은 한국영화의 방향을 올바르게 향도한 신선한 목소리였다. 당시 검열에 찢겨 만신창이가 되었지만 이두용의 작가의식은 높이 상찬할 만한 것이며 분명 영평상의 방향성을 지시해줄 준거점일 수도 있었다. 소위 억압적인 시대에 양심의 소리를 불러일으키는 작품이었다는 것이다. 어쩌면 영평상의 보수적 선택이 이후 영평상의 운명을 가른 상징적인 출발이었는지 모른다.

---

2) 신강호, 명장면으로 한국영화 읽기, 커뮤니케이션북스, 246-7쪽

2) 제2회 1981년 〈세 번은 짧게 세 번은 길게〉, 〈만다라〉, 〈피막〉의 경합

1980년 광주항쟁은 1979년 10.26사건 이후 한국정치사에서 가장 큰 역사적 지진이었으며 그 파장은 지금까지도 한국현대사의 문제적 현장으로 기억된다. 그 역사적 진동이 있었던 해에 나온 영화들은 자연스레 당시 상처를 드러낸다. 〈세 번은 짧게 세 번은 길게〉가 보여준 밀폐된 방에서의 소외된 남자의 심리상태라던가 〈만다라〉의 첫 장면에서 버스를 기다리는 지루한 롱테이크와 롱숏의 미학은 광주의 진실을 억압적으로 받아들일 수밖에 없었던 당시 시민들의 답답한 정서를 그대로 표출했다. 임권택의 정적인 태도와 달리 폭압과 위선에 대해 언제나 저항하고 폭로하는 역동적 방식의 영화를 만들어왔던 이두용의 연출의식은 아버지의 한맺힌 원수를 갚는 딸의 복수극 〈피막〉을 통해 답답한 사회를 영화적으로 풍자하고 은유하였다.

3) 제3회 1983년 〈꼬방동네 사람들〉의 해

이 해에 등장한 배창호와 그 수상은 영평의 예언적인 성격을 잘 드러낸다. 수상작 〈꼬방동네 사람들〉은 감독의 데뷔작이다. 데뷔작이 작품상을 포함해 다수의 상을 석권했다는 파괴력은 충무로의 새로운 물결을 예견하는 중요한 의미를 갖는다. 영평은 한국영화의 흐름을 짚어내는 기능을 수상을 통해 예견해 가며 그 방향을 바로잡아 나갔다.

4) 제4회 1984년 〈물레야 물레야〉의 해

역시 이두용 감독의 저력을 확인한 해였다. 1회에서부터 영평상의 흐름을 보면 충무로 영화계의 확실한 세대교체를 직감하게 된다. 올드 제너레이션, 미드 제너레이션, 뉴 제너레이션, 이 삼대가 순서대로 내려오는 모습을 보였다. 첫 해 유현목, 둘째 해 김호선, 임권택, 이두용, 세 번째 해 배창호, 이렇게 삼대가 흘러내려오고 있었다. 더 이상 유현목, 신상옥, 김기영, 김수용, 정진우는 거론되지 않았다. 미드 제너레이션, 즉 70년대 영상시대 및 그 세대 감독들의 활약이 전성기의 끝물에 있었다. 전년도 뉴 제너레이션 배창호가 잠깐 등장하는가 하더니 이두용의 저력이 다시 부상했다.

5) 제 5회 1985년 〈깊고 푸른 밤〉, 〈땡볕〉의 경합

무서운 신인 배창호의 등장과 그에 대한 평가는 한국영화의 방향을 제시하는 중요한 수확이었다. 동시에 등장한 배우출신 하명중의 〈땡볕〉 역시 신세대 영화의 시작을 알리는 신호탄이었다. 이후 영화계는 신인과 중견의 교차로가 된다. 한 해마다 서로의 작품을 경쟁시키며 신세대 구세대가 교차하는 세대간 각축장을 연출한다.

6) 제 6회 1986년 〈봉〉, 〈길소뜸〉의 경합

지난해 신인들의 석권을 마치 비웃기라도 하듯 중견 이두용과 임권택의 약진이다. 이후 임권택은 KO승을 얻는다.

7) 제 7회 1987년 〈티켓〉의 해

이두용과 임권택은 70년대 활약하다 80년대 들어와 중견감독으로서 또, 라이벌로서 한국영화사의 금자탑을 이룬 두 거장이다. 하지만 그 결과는 임권택의 승리로 기울어진다. 이두용은 〈봉〉을 마지막으로 이후 거장으로서의 무게를 잃어버린 반면 임권택은 〈티켓〉등 한국적 정서를 기반한 사회물로 저변을 확대하는 등 국민감독의 지위를 향해 더욱 도약하는 모습을 보인다. 게다가 신인들의 추격을 따돌리며 중견으로서 유일하게 우뚝서서 나아가는 놀라운 저력을 발휘한다. 하지만 영평은 한국영화계의 지각변동에 민감하게 반응하지 못하는 보수성을 택한다. 예술에 대한 선택은 항상 옳았으나 한국영화를 새롭게 일궈나가려는 새로운 흐름에 대해 과감하게 투자하지 못하는 보수성을 지니게 된다. 그러한 신호탄이 아이러니하게 임권택의 약진과 그에 대한 지나칠 정도의 경도현상으로 나타났다. 이후 임권택은 거의 영평상의 보루처럼 한 몸이 되어 나아가는 성향을 보인다. 임권택이 한국영화계의 진정한 진보였을까? 영평상은 진보적이지 않은 길을 스스로 선택함으로써 다른 대종상, 청룡영화상, 등과 차별성 없는 기득권을 대변하는 수상잔치가 되면서 처음의 참신했던 이미지와 빛을 서서히 잃어가는 불행한 조짐을 보인다.

8) 제 8회 1988년 〈우리는 지금 제네바로 간다〉, 〈접시꽃 당신〉, 〈기쁜 우리 젊은 날〉의 경합

터져나오는 신인들의 용출을 막아낼 힘은 어디에도 없다. 송영수, 박철수는 중견이지만 이두용, 임권택의 기에 눌려 한동안 빛을 보지 못했던 감독이었다. 특히 송영수의 외침은 무엇보다 귀중한 수확이다. 70년대 도피성 멜로영화의 전통에 젖어있던 구 충무로 세대의 역사사회적 서사로의 놀라운 반전이었다. 80년대까지 소프트 포르노 멜로드라마는 충무로에서 줄기차게 양산돼온 대표적 장르였다.[3] 배창호는 이제 더 이상 신인이 아니다. 〈기쁜 우리 젊은 날〉은 중견 배창호의 전성기를 상징하는 '젊은 날'로 기록된다. 영평은 그를 거부할 그 어떤 근거도 갖지 못한다. 80년대는 거의 배창호의 십년세도였다 해도 과언이 아니다.

---

3) 한국영화사공부, 1980-1997, 한국영상자료원, 2005, 25쪽.

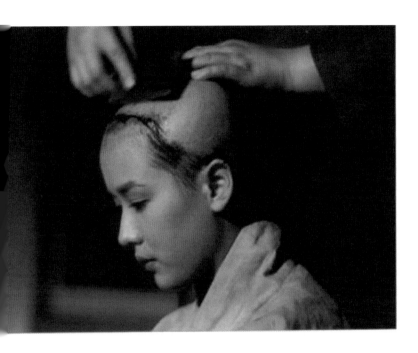

9) 제 9회 1989년 〈아제 아제 바라아제〉의 해

역시 우려했던 대로 임권택의 판쓸이가 재연된다. 표면적으로 작품상, 감독상, 등 주요 부문은 김호선감독의 〈서울 무지개〉다. 하지만 임권택의 〈아제 아제 바라아제〉는 4 개 부문을 석권함으로써 작품상을 놓친 빈 공간을 채워넣는다. 이 결과는 마치 어떤 새 로운 물결이 들이닥친다 해도 임권택을 밀어낼 수 없다는 결기처럼 보인다. 임권택은 드 디어 제왕이 된 것이다. 긍정과 부정이 엇갈리는 임권택 기호. 한국영화사는 후일 이 사건 을 어떻게 평가할 것인가. 임권택을 국민감독으로 추앙하게 만든 세력중 한 축에는 분명 영평상의 기여도 있다. 한국영화계의 흐름을 '임권택주의'로 고착시킨 원인을 제공한 요인 에는 당시 주류 평론가들의 판단을 빼놓을 수 없단 말이다. 결국 그 우려는 이후 김영삼 정권에 들어와 박제화된 소리의 세계 '서편제' 신화를 만든 문민정부의 새로운 국책성으 로 이어진다. 80년대는 임권택의 부상과 더불어 어쩌면 영평의 아픈 자성의 시대이기도 했다. 아무도 그 당시 그 사실을 모르거나 혹은 그렇게 인정하려 하지 않았겠지만...

영평이 사랑한 영화들
- 영평상의 경향(2) 1990-1999

김경욱 (영화평론가)

1990년대 한국사회와 한국영화 산업의 변화

1990년대 한국영화는 1970년대부터 계속된 오랫동안의 부진을 극복하고 도약의 발판을 마련한 시기였다. 대기업 자본이 영화산업에 유입되고 젊은 프로듀서들이 충무로에 진출하면서, 이른바 '기획영화'가 제작되기 시작했다. '로맨틱 코미디' 장르를 중심으로 한 기획영화가 흥행에 성공하면서, 오랫동안 침체상태였던 영화산업에 활력이 생겨나게 되었다.

또 이 시기 한국영화의 성장에는 한국사회의 변화도 큰 영향을 미쳤다. 특히 1993년, 김영삼의 문민정부가 출범하면서 표현의 자유가 확대되자, 이전 시대에는 검열 등으로 제작되기 어려웠던 영화가 등장하기 시작했다. 이와 같은 영화산업과 한국사회의 변화를 통해 한국영화는 소재와 주제의 스펙트럼이 훨씬 확대되었고, 양적·질적으로 성장하게 되었다. 이 시기 영평상의 수상작에는 이러한 변화가 고스란히 반영되어 있다.

먼저 1990년대 영평상에서 가장 주목받은 작품을 살펴보면 그 변화의 흐름을 가늠해 볼 수 있다. 영평상에서 가장 주요한 부문이 최우수 작품상과 감독상이라면, 이 부문의 수상작이 곧 그해 영평상의 주목 작품이라고 할 수 있을 것이다. 영평상의 최우수 작품상과 감독상을 모두 석권한 작품을 연도순으로 나열하면, 〈청송으로 가는 길〉(이두용, 1990), 〈그들도 우리처럼〉(박광수, 1991), 〈경마장 가는 길〉(장선우, 1992), 〈서편제〉(임권택, 1993), 〈초록물고기〉(이창동, 1997)[1], 〈8월의 크리스마스〉(허진호, 1998), 〈아름다운 시절〉(이광모, 1999) 등, 모두 7편이다. 최우수 작품상만 수상한 영화는 〈영원한 제국〉(박종원, 1995), 〈축제〉(임권택, 1996)이고, 감독상만 수상한 영화는 〈화엄경〉(장선우, 1994), 〈말미잘〉(유현목, 1995), 〈학생부군신위〉(박철수, 1996) 등이다. 그러면 이 같은 수상 결과에 영향을 미친 몇 가지 토픽을 중심으로 1990년대 영평상의 경향을 좀더 구체적으로 살펴보기로 하자.

김영삼의 문민정부와 〈서편제〉 신드롬

1993년 영평상에서, 임권택의 〈서편제〉는 최우수 작품, 감독, 남우 주연(김명곤), 촬영, 음악, 신인(오정해) 부문의 상을 휩쓸었다. 뿐만아니라 이 영화는 한국영화 최고의 흥행기록(서울 관객 기준 1,035,741 명)을 세웠다. 소리꾼들의 고단한 삶의 여정을 그린 이 영화는 대중성이 거의 없는 판소리를 소재로 했기 때문에 누구도 흥행 성공을 예상하지 못했다. 그러나 엄청난 대중적인 열광을 불러 모으면서 '〈서편제〉 신드롬'까지 낳았다.

---

1) 1997년 영평상에서 감독상 수상자는 없었다. 이창동이 데뷔감독이었기 때문에 감독상 대신 신인감독상을 수여했기 때문이다.

〈서편제〉의 이러한 대대적인 성공의 원동력에는 무엇보다 임권택의 뛰어난 연출 솜씨가 크게 작용했다고 할 수 있다. 다른 한편으로는 32년 만에 민주적인 절차에 따라 투표를 통해 문민정부를 다시 세웠다는 국민의 자부심이 큰 영향을 미쳤다. '가장 한국적인 것(예를 들면 판소리)이 세계적인 것'이라는 구호는 그 자부심의 표현이었고, 〈서편제〉 신드롬에 큰 영향을 미쳤다.

그로부터 6년 후인 1999년, 강제규의 〈쉬리〉가 〈서편제〉의 흥행기록을 경신하게 되었다. 분단 상황과 간첩을 소재로 한 이 영화는 서울 한복판에서 이전 한국영화에서는 볼 수 없었던 대규모 액션 스펙터클을 연출했다. 이를 통해 '할리우드 영화 버금가는 한국영화'로 크게 어필하면서, IMF 외환위기 이후 실의와 좌절에 빠진 국민에게 심심한 위로를 선사했다. 〈쉬리〉는 이후 '한국형 블록버스터'의 방향을 제시하면서, 2000년대 한국 대중영화에 큰 영향을 미쳤다. 그러나 〈서편제〉의 수상실적과는 달리 〈쉬리〉는 1999년 영평상에서, 각본, 기술, 신인 여우(김윤진) 부문의 상을 받는 데 그쳤다. 〈쉬리〉의 수상 결과를 보면, 영평상이 대중성보다는 작품성에 훨씬 더 많은 방점을 두고 있음을 확인할 수 있다.

코리안 뉴 웨이브의 등장

1980년대 후반, 서구 영화제를 중심으로 '코리안 뉴 웨이브(또는 뉴 코리안 시네마)'라는 말이 회자되기 시작했다. 1980년대 후반부터 1990년대까지, 한국영화에서 새롭게 등장한 경향을 일컫는 '코리안 뉴 웨이브'의 중심에는 1988년에 데뷔한 박광수(〈칠수와 만수〉)와 장선우(〈성공시대〉)가 있었다. 그리고 1996년에 데뷔한 홍상수와 1997년에 데뷔한 이창동이 그 뒤를 이었다. 코리안 뉴 웨이브 영화는 감독 각자의 개성에 따라 다양했지만, 이전 시대 한국영화와 결별하고 새로운 방향으로 나아갔다는 점에서 공통점을 갖고 있다. 그들은 오랫동안 금기시되었던 소재와 주제를 다루었고, 새로운 형식과 스타일을 시도했으며, 기존 장르를 재해석했다.

1990년대 영평상 수상목록을 보면, 코리안 뉴 웨이브를 이끌어간 감독들의 영화가 많은 비중을 차지하고 있다. 이를테면 1990년 영평상에서, 장선우의 〈우묵배미의 사랑〉은 촬영상과 남자연기상(박중훈)을 받았다. 1991년 영평상에서, 박광수의 〈그들도 우리처럼〉은 최우수 작품, 감독, 촬영, 음악 부문의 상을 받았다. 다음 해 1992년의 영평상에서는 장선우의 〈경마장 가는 길〉이 최우수 작품, 감독, 촬영, 남자연기(문성근) 부문에서 수상했다. 홍상수의 데뷔작 〈돼지가 우물에 빠진 날〉은 1996년 영평상에서 신인감독상과 음악상을 받았다. 다음 해 1997년 영평상에서, 이창동의 〈초록물고기〉는 데뷔감독의 영화로는 이례적으로 최우수 작품, 각본, 남자연기(한석규), 신인 감독 부문의 상을 휩쓸었다.

〈그들도 우리처럼〉을 연출한 박광수는 데뷔작 〈칠수와 만수〉부터 줄곧 질곡의 한국 현대사와 한국사회의 문제를 조명했다. 아울러 이전 한국영화에서 검열 등으로 인해 금기시되었던 소재와 주제를 전면에 내세움으로써 주목을 받았다. 그 가운데 〈그들도 우리처럼〉은 박광수 영화 가운데 최고 걸작으로 손꼽힌다. 이 영화에서 반정부 시위 주동 혐의로 수배된 기영은 강원도의 폐광촌에 숨어든다. 그곳에서 기영은 한국사회의 실제를 머리가 아니라 몸으로 직접 체험하게 된다. 오랫동안 지속된 권위주의 정권이 끝나가던 시기에 지식인 기영은 그러한 체험을 통해 민중과 함께하는 진보 운동의 새로운 방향을 모색하며 고뇌한다.

장선우의 〈우묵배미의 사랑〉은 1980년대 급격한 경제 성장기에 그늘로 내몰린 도시 빈민들의 삶을 그린 리얼리즘 영화이다. 그러나 하일지의 포스트모더니즘 소설을 원작으로 한 〈경마장 가는 길〉은 모더니즘 영화라고 할 수 있으며, 이전 한국영화와는 차별화된다. 이 영화에 대한 영평상의 지지는 리얼리즘의 잣대를 통해 작가영화를 가능했던 한국 영화평론의 경향에 변화가 나타났다고 할 수 있다. 장선우 영화의 최고 걸작으로 평가되는 〈경마장 가는 길〉은 파리에서 유학하고 돌아온 R과 J의 도돌이표처럼 반복되는 애증 관계를 다루고 있다. 두 사람의 실랑이만큼이나 흥미로운 대목은 카메라에 포착된 지옥 같은 한국사회의 풍경이다.

박광수가 주인공의 개입을 통해 권위주의 정권의 억압과 한국사회의 문제를 드러내려 했다면, 장선우는 관객이 R과 J의 행각을 지켜보는 과정에서 천민자본주의에 장악된 한국사회의 민낯을 목도하게 한다. 〈경마장 가는 길〉의 마지막 장면에서, R은 버스 창문 밖을 바라보면서 애증관계 너머의 현실과 직면하게 된다. 이때 R이 불현듯 무언가 깨달음을 얻는 듯한 제스처는 장선우가 리얼리즘 영화와 완전히 결별하는 순간이기도 하다.

이후 장선우가 연출한 〈화엄경〉은 1994년 영평상에서 감독, 촬영, 음악 부문의 상을 받았다. 장선우의 다음 작품 〈꽃잎〉은 1996년 영평상에서 촬영상과 신인 연기상(이정현)을 수상했다. 〈꽃잎〉은 검열이 완화되는 사회 분위기를 타고 이전의 주류 영화에서는 다룰 수 없었던, 1980년 5.18 광주민주화운동과 군부의 무자비한 학살을 다룸으로써 화제를 모았다.

홍상수의 데뷔작 〈돼지가 우물에 빠진 날〉은 한국영화에 포스트모더니즘 영화가 등장하는 순간이자, 이전에 볼 수 없었던 새로운 작가의 출현이라고 할 수 있다. 이 영화는 소설가 효섭과 극장 매표원 민재, 가정주부 보경과 회사원인 보경의 남편을 중심으로 각자의 이야기가 옴니버스식으로 전개된다. 그들 사이는 삼각관계로 얽혀있고 갈등이 폭발하는 순간이 있기는 하지만, 영화의 초점은 지리멸렬하기 짝이 없는 일상에 맞춰있다. 인물 각자의 에피소드가 펼쳐질 때, 영화의 시간은 서로 겹치거나 뒤로 가거나 건너뛰면서 관객에게 새로운 내러티브 경험을 선사한다. 이것은 이전 한국영화에서 볼 수 없었던 혁신적인 스토리텔링으로서 주목을 받았다(그럼에도 이 영화는 1996년 대종상에서 예심조차 통과하지 못했다). 이 영화는 이후 더욱 정교하게 구축되어 간 홍상수의 독창적인 스토리텔링 미학의 예고편이었다.

1997년 영평상에서 각광을 받은 이창동의 〈초록물고기〉는 주인공 막동이 조폭 조직에 들어갔다 불행한 결말을 맞는 이야기로, 갱스터 영화 장르의 한국판이라고 할 수 있다. 홍상수와는 달리 이창동은 대중에게 익숙한 장르 영화로 데뷔한 것이다. 이는 2000년대 한국영화의 한 경향이라고 할 수 있는, 작가 감독과 장르 영화의 성공적인 접목을 예고하는 것이었다. 이를테면, 장르를 적절하게 활용한 박찬욱과 봉준호의 영화는 흥행과 작품 모두에서 성공을 거두고 있다. 그러나 아이러니하게도 이창동의 영화는 〈초록물고기〉 이후, 컨벤션 한 장르에서 점점 멀어져 작가영화로 나아갔다.

기획영화의 부상

1990년대 한국영화의 흥행을 주도한 기획영화의 중심에는 이전 시대의 에로티시즘 영화와는 완전히 다른 '로맨틱 코미디 영화'가 있었다. 기획영화는 대중의 각광을 받았으나 흥행성보다 작품성을 우선하는 영평상에서의 수상 실적은 좋지 않았다. 로맨틱 코미디의 영평상 수상 결과를

보면, 1991년, 최진실이 〈나의 사랑, 나의 신부〉로 신인 연기상을 받았고, 1993년, 심혜진이 〈결혼이야기〉로 여우주연상을 받았다. 이 시기 로맨틱 코미디 영화 가운데 영평

상 최다 부문 수상작은 1999년, 이정향의 데뷔작 〈미술관 옆 동물원〉으로 신인 감독상과 신인 남우상(이성재)을 받았다.

　로맨틱 코미디는 아니지만 기획영화로 제작된 〈8월의 크리스마스〉는 신인 감독 허진호의 데뷔작이었으나, 1998년 영평상에서 최우수 작품, 감독, 여자연기(심은하), 촬영 등 네 개 부문을 석권했다. 이 영화에서 사진관을 하는 주인공 정원은 구청의 주차단속 요원 다림을 사랑하게 되지만, 불치병에 걸려 살날이 얼마 남지 않았기 때문에 끝내 진심을 드러내지 못한다. 허진호는 사랑과 죽음이라는 격정적인 소재를 담담하게 다루면서 신파를 완전히 배제했는데, 그 결과 이전 한국영화와는 완전히 차별화된 멜로드라마가 탄생하게 되었다.

　기획영화에 속하지는 않지만, 박종원의 〈영원한 제국〉은 '팩션영화'로서 언급할만하다. 2000년대 한국영화에서 사극이 대중적인 인기를 얻게 되면서 그 하위 장르인 팩션영화가 크게 유행하게 되었기 때문이다. 조선 후기에 개혁을 시도한 계몽 군주로 평가되는 정조가 독살되었다는 설을 다룬 이 영화는 1995년 영평상에서, 최우수 작품, 남자연기(안성기), 촬영, 음악 부문의 상을 받았다.

1990년대 영평상 수상작의 의미

　　영화에 상을 주는 목적은 우수 작품을 선별해서 부각하고 그 가치를 환기하는 데 있을 것이다. 그러나 여타 영화상의 수상 결과를 보면 흥행작이나 화제작에 치우치는 경향이 나타나기도 한다. 반면, 이 글의 서두에서 나열한 영평상의 최우수 작품상과 감독상 수상작을 보면, 그해 한국영화 흥행작 10편에 들어간 경우는 〈경마장 가는 길〉, 〈서편제〉, 〈초록물고기〉, 〈8월의 크리스마스〉 등, 4편뿐이다. 따라서 영평상은 대중성이나 상업성보다는 작품성을 중심으로 영화를 선별하고 평가했다고 할 수 있다. 다시 말해서, 1990년대부터 영화산업의 확장에 따라 점점 거세져 간 상업주의의 파고 속에서, 영평상은 영화상 본연의 목표와 가치를 꾸준히 견지했던 것이다. 그럼으로써 영평상은 국내의 여러 영화상 가운데서 여전히 가장 높은 권위를 인정받고 있다.

한국형 작가주의와 여성영화,
그 쉼표, 그 변화를 응원하다
- 영평상의 경향(3) 2000-2009

최재훈 (영화평론가)

100년 단위로 바뀌는 세기 말이 되면, 종말론적 세계관과 엮이면서 어두운 시대상을 만들어낸다. 새로운 시대에 대한 기대와 100년을 끝내야 하는 시간 사이의 이물감 때문에 월컹대는 시간과 마주 서 있기 때문이다. 21세기 새천년은 아날로그 정서를 끝내고 본격적인 기계화, 정보화 시대가 열리리란 기대로 시작하였다. 실제로 인터넷과 스마트폰의 발달로 사람들의 관계와 소통 방식이 완전히 전환되는 시점이기도 했다. 하지만 막상 하루 차이로 20세기의 나와 21세기의 나로 갈리는 전환점 앞에 딱히 내 삶에 큰 변화가 없다는 열패감 역시 새천년의 초반을 떠도는 정서였다. 사회는 무척 혼란스러웠지만, 각종 규제에서 벗어난 후 많은 지원정책의 수혜를 받을 수 있었던 한국의 문화, 예술이 유례없이 확장되고 발달하던 시기이기도 했다.

새로운 세기의 시작

IMF 금융위기를 막 벗어나기 시작한 90년대 말, 전례 없는 지원정책으로 문화예술계는 황금기를 시작했다. 문화예술에 대한 탄압에서 벗어나 자유롭게 세상을 이야기할 수 있는 시절이기도 했다. 90년대 후반부터 조짐을 보이기 시작하던 영화 산업 시스템과 문화지원정책이 더욱 정밀해졌다. 대기업의 자본과 멀티플렉스 유통망, 필름을 대체하는 디지털의 효용가치가 한 번에 시장을 덮쳤다.

질적으로 양적으로 동시에 팽창하던 시기였다. 일례로 전혀 상업적이지 않던 이정향 감독의 〈집으로〉 같은 영화가 전국 413만 명의 관객을 동원하며 흥행에 성공하면서 다양성 영화에 대한 인식이 달라졌다. 연인원 기준 관객 1억 시대가 본격적으로 시작되며 천만 영화의 기록과 동시에 작가주의 관점에서 달라진 세상을 이야기하기 시작할 수 있었던 시기이기도 하다.

외국영화사의 직배 및 수입자유화 조치로 한국영화 시장은 위기를 예상했지만, 관객들의 변화에 발맞춰 촘촘하게 기획된 다양한 영화 제작을 통해 시장점유율을 일정 비율 이상 유지하였다. 멀티플렉스의 등장으로 영화 배급과 독과점 문제의 시작이기도 했다. 실제로 〈공동경비구역 JSA〉는 서울에서만 40개 이상의 개봉관을 가졌다.

블록버스터 상업영화가 득세하였지만, 기술혁신이 저예산 영화의 창작과 다양성 영화의 가능성을 넓힌 시기이기도 했다. 자유롭게 촬영, 편집이 가능한 디지털 영화가 가능해지면서 신인감독들도 필름영화 시대에 비해 훨씬 더 넓은 기회를 가지게 되어 디지털을 이용해 장편 극영화를 제작할 수 있게 되었다.

천만 영화와 작가주의, 그 사이

2000년부터 2009년 사이 주요 시상식 작품상 수상 리스트에서는 보이지 않지만, 2000년대 초반, 영화계의 주류는 소위 말하는 '조폭' 영화였다. 곽경택 감독의 〈친구〉를 통해 시작된 조직 폭력배의 이야기는 〈파이란〉과 같은 애절한 멜로로 변형되거나 〈달마야 놀자〉, 〈두사부일체〉, 〈신라의 달밤〉 같은 코미디 장르, 여성을 주인공으로 변주를 거듭하면서 〈조폭 마누라〉 시리즈로 확산되었고 이 작품들 대부분은 흥행에 성공하였다. 하지만 이후, 완성도가 부족한 기획 작품이 쏟아지면서 금세 식상한 장르영화로 변질되었다.

[표] 주요 영화 시상식 작품상 수상작 리스트

연도	영평상	청룡영화상	대종상
2000년	박하사탕	공동경비구역 JSA	박하사탕
2001년	봄날은 간다	봄날은 간다	공동경비구역 JSA
2002년	오아시스	취화선	집으로
2003년	살인의 추억	봄 여름 가을 겨울 그리고 봄	살인의 추억
2004년	올드 보이	실미도	봄 여름 가을 겨울 그리고 봄
2005년	형사 듀얼리스트	친절한 금자씨	말아톤
2006년	가족의 탄생	괴물	왕의 남자
2007년	우아한 세계	우아한 세계	가족의 탄생
2008년	밤과 낮	우리 생애 최고의 순간	추격자
2009년	마더	마더	신기전

　　21세기를 여는 2000년에 제20회를 맞이한 영평상은 〈박하사탕〉에 최우수 작품상과 감독상을 시상하면서 21세기의 첫 번째 시작을 응원했다. 2000년 1월 1일에 개봉한 이 영화는 순수했던 청년이 518 민주화 운동의 진압군 역할을 하다가 경찰이 되어 타락한 후 1997년 외환위기 시절에 기차에 뛰어들어 자살한다는 이야기를 시각의 역순으로 되돌아가 되짚는다. 20세기 지독한 독재의 격변기 속에서 살아온 삶의 슬픔과 울렁대던 시절을 그린 〈박하사탕〉은 21세기 한국형 작가주의 영화의 시작을 알리는 작품이기도 했다.

　　1999년, 세기말 〈쉬리〉의 성공으로 소위 한국형 블록버스터라 불리는 영화들이 본격적으로 시작되었다. 〈쉬리〉와 함께 세기의 차이를 또렷하게 가르는 영화는 〈공동경비구역 JSA〉다. 냉전시대의 종말을 기대하던 시점에서 20세기의 강제규 감독은 북한을 괴뢰군으로 그린 것과 달리, (비록 딱 1년 차이이긴 하지만) 21세기의 박찬욱 감독은 남북관계를 더 유연한 시각으로 보기 시작했다. 이후 천만관객을 기록한 〈실미도〉나 〈태극기 휘날리며〉처럼 국수주의 혹은 애국주의를 강조한 영화도 있었지만, 〈살인의 추억〉이나 〈올드 보이〉처럼 한국형 상업 작가주의와 같은 복잡한 수식을 가진 영화들이 해외 영화제를 통해 비평적 성취를 얻으며 흥행시장을 바꿔놓은 시기이기도 했다.

　　새로운 감독들로 전환되던 이 시기에 영평상 수상 목록에서 유독 눈에 띄는 선택
은 이명세 감독이다. 80-90년대에 활약했지만 끝내 자기만의 독특한 작품세계와 미장
센을 가지고 진화했고, 21세기에도 이명세 스타일의 극단을 밀어붙이긴 했지만 20세기
의 작품들이 조금 더 대중과 맞닿아 있었던 것과 달리 21세기의 이명세 감독은 대중성
과 점점 멀어지는 중이었다. 한국영화평론가협회에서는 2005년 감독상과 작품상을 함께
수상한 〈형사 듀얼리스트〉와 2007년 기묘한 영화 〈M〉에 감독상을 주며 현재 진행형의
변화를 시도한 중견 감독을 응원하였다.

　　80~90년대 한국적 정서를 담은 영화를 통해 세계에 한국영화를 널리 알린 임권택
감독 이후, 90년대 데뷔한 젊은 감독들이 이 시기 해외 영화제 등에서 인정받으며 영화
계의 세대교체를 이루던 시기였다. 수상 리스트를 보면, 지금은 세계적으로 그 위상이
달라진 감독들의 이름을 한 번에 발견할 수 있다. 〈박하사탕〉의 이창동, 〈복수는 나의
것〉과 〈올드 보이〉의 박찬욱, 〈살인의 추억〉과 〈마더〉의 봉준호, 〈비열한 거리〉의 유하,
〈비몽〉의 김기덕 등이 감독상을 수상했다. 그리고 〈해피 엔드〉의 정지우, 〈지구를 지켜
라〉의 장준환, 〈범죄의 재구성〉의 최동훈 등 현재 한국 영화계의 허리역할을 하고 있는
감독들이 신인상을 수상했다. 2000년부터 2009년까지 10년간의 작품상 수상목록과 감
독상 수상목록을 보면 21세기 한국 영화계의 세대교체가 어떻게 진행되었는지 한눈에
확인할 수 있다.

여성, 영화. 그 쉼표의 변화들

21세기 초반은 채윤희의 '올댓시네마', 심재명의 '명필름', 김미희의 '좋은 영화' 등 여성 대표들이 이끈 영화 제작사들이 영화계의 큰 전환을 이끈 시기이기도 했다. 90년 대 말 이들은 제작과 마케팅 분야에서 큰 변화를 일으켰다. 당시 소비를 주도하기 시작한 새로운 여성상, 여성 소비자의 취향을 가장 먼저 파악하고 남자들이 주도하던 이야기 구조 속에 자신들의 일, 자신들의 이야기를 보고, 듣기 원하는 여성 트렌드를 주목한 제작자들이었다. 90년대를 이끌었던 여성 중심의 로맨틱 코미디 장르를 통해 그 지평을 넓혀왔다.

특히 1997년 〈접속〉을 통해 새로운 여성 주인공, 새로운 시대의 멜로를 만든 심재명 대표는 명필름을 통해 〈공동경비구역 JSA〉, 〈우리들의 행복한 시간〉과 같은 흥행작과 함께 〈와이키키 브라더스〉, 〈버스, 정류장〉, 〈질투는 나의 힘〉과 같은 저예산 다양성 영화에 투자하면서 여성영화 혹은 여성 중심의 영화를 통해 영화계를 포함한 사회의 변화를 이끌었다.

　이 같은 기반의 변화를 바탕으로 꾸준히 발전해온 영화계 혹은 한국의 사회변화를 반영하듯 2000년대 초반 영평상은 여성과 여성영화 사이의 긍정적 변화를 주목하고 지지하였다. 90년대 말 변영주 감독은 〈낮은 목소리〉 시리즈를 통해 위안부 할머니들의 삶을 관찰하고 변화를 이끌어왔는데, 2000년 영평상은 그의 작품 〈숨결〉에 특별상을 시상하였다. 1996년, 여성영화는 커녕 여성 감독도 드물었던 시기에 〈세 친구〉로 장편 데뷔한 임순례 감독은 2001년 명필름에서 제작한 〈와이키키 브라더스〉로 5년 만에 돌아왔다. 영평상은 임순례 감독의 복귀를 응원하며 감독상을 시상했다. 초창기 임순례 감독의 영화는 남달랐다. 대부분의 여성 감독들이 '여성'을 이야기했던 것과 달리 임순례 감독의 작품 속 주인공들은 남성들이다. 특정 성을 구분하거나 배척 또는 지지하는 대신, 삶의 지지부진함과 한국이라는 사회에서 살아남아야 하는 고단한 인간의 삶을 주목하고 소외된 사회 속에서 생존하는 주인공의 이야기를 섬세하고 따뜻한 감성으로 공들여 전달하였다.

    이를 통해 임순례 감독은 스스로 '여성'이라는 강박 혹은 수식어를 유연하게 벗어나 오롯한 감독으로서, 자신이 하고 싶어 하는 이야기를 이끌어가는 뚝심을 보였다고 할 수 있다. 2009년~2019년 기간 동안 관객 100만 명 이상을 동원한 여성 감독의 작품이 19편 이상(영화진흥위원회 통합 전산망(kobis)에서 검색)이 되고, 독립영화계의 주목받는 감독들이 점점 늘어나는 추세이지만 임순례 감독이 활동을 시작했던 90년대와 2000년대 초반에는 한국영화사에 기록된 여성감독이 딱 다섯 명 밖에 없었던 시절이었다. 임순례 감독은 여성을 이야기하면서 젠더 감수성이나 여성성을 강조하는 대신 평등과 공정을 늘 이야기의 화두로 삼아가면서 여성감독 혹은 여성영화라는 고유명사 사이에 쉼표를 찍어주는 역할을 했다.

    2005년에는 〈오로라 공주〉의 방은진 감독이 신인감독상을 수상했다. 당시 빼어난 배우이기도 했던 방은진의 예상치 못한 감독 데뷔작이었다. 방은진 감독은 잔인하고 박진감 넘치는 스릴러 장르 상업영화의 틀 속에 싱글 맘이자 약자로서의 여성이 겪어야 하는 사회의 부조리와 폭력을 극한의 묘사로 고발하고 자극하면서 여성을 이야기하며 여성을 이야기하는 영화의 보폭을 확장했다.

    사실 한국에서 여성 감독을 이야기할 때 늘 감독을 수식하는 형용사로 '여성'을 사용해 왔지만 지금 현재의 변화 속에서 우리는 여성과 남성을 별도 지칭하지 않는 고유명사로 '감독'이라는 용어를 사용해야한다고 믿고 있다. 이 변화의 시작의 선두에 변영주 감독, 임순례 감독, 방은진 감독, 이경미 감독 같은 든든한 선배들이 있다. 빗장 쳐 단단하게 가로막힌 시스템과 맞서기 위해 손잡고, 팔짱 껴서 작은 결속을 만들어와 준 선배

영화인들에게 참 감사한 지점이기도 하다.

2000년 세 배우에게 신인여우상을 공동 시상했던 〈여고괴담 두 번째 이야기〉는 드물게 여성 퀴어적 시선으로 덜 자란 아이들의 통증을 공포영화의 관점에서 풀어낸 영화였다. 변화된 시대상을 반영하듯 2001년 작품상을 수상한 허진호의 〈봄날은 간다〉는 적극적이고 진취적으로 변한 여성상을 보여주는 영화였다. 이전의 여성들이 수동적인 것과 달리 이 영화 속 주인공은 먼저 사랑하고, 먼저 이별하고, 먼저 돌아오는 등 수동적인 남성상과 다른 특별한 여성상을 보여주었다. 같은 해 특별상을 수상한 〈친구〉의 흥행 이후 남성 중심의 조폭 영화가 득세했지만 신인감독 정재은의 〈고양이를 부탁해〉 같은 여성중심 비상업 영화에 여우주연상을 시상하였고, 신인감독상을 수상한 〈꽃섬〉 역시 여성중심의 새로운 경향을 반영한 영화였다. 줄곧 영평상은 사회의 변화와 그를 이끌어가는 미래의 이야기까지도 주목하고 발견하고 있다.

작은 결속을 지지하고 응원하는 영평상

예술이년서 동시에 산업의 영역에 속해있는 영화의 특성상 그 평가에 있어 대중성과 흥행성적을 완전 배제할 수는 없다. 하지만 한국영화평론가협회에서 시행하는 영평상은 관객들에게 잘 알려지고 흥행 성적이 뛰어난 작품 이외에도 아주 작은 관객과 만났지만, 그 의미가 깊은 작품을 오랫동안 발굴하고 그 의미를 확장시키는 역할을 해왔다. 따라서 국내 유수 영화제와는 그 선택이 남다른 작품들을 통해 한국영화 시장의 다양성을 발견하고 관찰하고 해석하는 목소리를 높여 영화계의 지평을 확장시키는데 기여해 왔다.

2008년 영평상 시상 결과를 보면 영평상의 지향점과 경향성을 발견할 수 있다. 홍상수 감독의 〈밤과 낮〉이 작품상을 수상하였고, 김기덕 감독이 〈비몽〉으로 감독상을 수상하였다. 크게 주목받지 못했던 저예산 영화 〈영화는 영화다〉가 남우주연상, 신인남우상, 신인감독상을 수상하였고 이경미 감독의 데뷔작 〈미쓰 홍당무〉의 서우가 신인여우상을 수상하였다. 이처럼 영평상은 영화사에 굵은 족적을 남긴 작품보다는 영화와 영화 사이, 남성과 여성 사이, 사회와 사회 사이에 함께 할 수 있는 쉼표를 찍어온 작품들을 발굴하고 응원하는 역할을 하였다.

시대에 맞서지만 시대와 적이 되는 것이 아닌, 우리가 함께 가야하는 시간이라는 것을 깨달은 신인들의 영화는 물론, 스스로의 가치를 확장하는 중견 영화인까지 아우르며 시대와 시간, 그리고 그 속의 사람들의 변화를 지지하는 역할을 하고 있다. 매해 영평상 수상자를 발굴해내는 협회소속 영화평론가들이 굴곡도 차별도 없이 평평한 세상을 향한 시선을 거두지 않아왔기에 가능했던 일이었다. 또한 한국영화평론가협회는 영화평론계의 지형을 바꾸고, 그 시선을 확장하기 위해 2009년부터 영평상 신인평론상 부분을 신설하여 신인 영화평론가를 발굴하기 시작했다.

10년, 변하지 않은 것과 변한 것들
- 영평상의 경향(4) 2010-2019

윤성은 (영화평론가)

2020년 초, 한국영화계는 〈기생충〉(봉준호, 2019)이 가져온 낭보로 상쾌하게 한 해를 시작했다. 〈기생충〉은 72회 칸영화제에서 처음 공개된 이후 수많은 '최초'의 기록을 세워왔으나 비영어권 영화가 칸영화제 최고상과 미국 아카데미 시상식 최고상을 동시에 석권했다는 사실은 한 번 더 주목해볼 만하다.[1] 성격이 사뭇 다른 두 시상식에서 공히 인정받은 것은 이 작품이 예술성과 대중성을 모두 갖고 있으며, 관객의 입장에서 영화의 무게를 그 어느 한 쪽에 두고 있다 해도 수용 가능한 영화임을 시사하기 때문이다.

〈기생충〉이라는 작품 자체의 우수성은 봉준호 감독 개인의 재능에서 비롯된 것이겠으나 이 영화가 국제무대에서 큰 상을 받기까지는 한국영화의 질적, 산업적 성장 및 해외 진출의 역사가 뒷받침되어 있다. 특히, 지난 10년간 한국영화산업은 말 그대로 눈부신 성장의 그래프를 그려왔다. 2011년 이후 한국영화 점유율은 외국영화 점유율을 밑돈 적이 없으며 연간 관람객 수도 2013년, 2억 명을 돌파한 이래 꾸준히 증가해왔다. 2019년은 거의 모든 면에서 정점을 찍은 한 해였는데, 일례로 역대 최고치를 기록한 1인당 연평균 극장 관람횟수(4.37)는 세계 최고 수준에 해당한다. 이러한 통계하에 최근 할리우드 영화계는 한국 시장에 주목하며 적극적인 프로모션을 펼치고 있다. 뿐만 아니라, 한국

---

1) 이는 빌리 와일더 감독의 〈잃어버린 주말〉(1945), 델버트 맨 감독의 〈마티〉(1995)에 이은 세 번째 기록이다. 〈잃어버린 주말〉은 제1회 칸영화제에서 그랑프리를 받았으나 당시에는 황금종려상이 없었고, 그랑프리가 최고상이었다.

영화계는 동남아 시장을 발판 삼아 북미와 유럽까지 그 활동 영역을 넓히는 중이다. 이처럼 지난 10년간 한국영화계가 바쁘게 움직여왔던 만큼, 평론가들에게도 할 일이 많았다. 그것이 오히려 20세기 초보다 경제 활동이라는 의미에서는 멀어졌다 해도 매주 쏟아져나오는 작품들을 감상하고, 비평하고, 빠르게 변하는 업계와 작품의 동향을 파악하는 평론가의 역할을 다하려면 부지런히 움직여야 했다. 그 안에는 기본적으로 영화의 규모나 흥행 성적과 관계없이 미학적 완성도에 대한 판단 및 영화사적 의미 부여를 비롯해 잘 알려지지 않은 수작을 발굴하는 일도 포함되어 있었다. 매년 11월에 개최되어온 영평상이 국내의 많은 영화상 중에서도 특별한 지위를 갖는 것은 1년 내내 이러한 작업에 집중하는 이들만이 투표권을 갖는 유일한 시상식이기 때문이다.[2] 즉, 영평상의 결과는 한 해 동안 우리 영화계의 성과와 경향을 보여주는 좋은 자료이면서 협회 회원 개개인이 평론가로서의 정체성을 갖고 해왔던 모든 활동의 집약체이기도 하다. 전제는 각기 다른 매력과 성격을 가진 영화들 사이에서 어느 쪽에 손을 들어주어야 할지에 대한 평자들의 고민이 끊임없이 변화하는 영화계의 테제 안에서 이루어졌다는 것이다. 2010년부터 2019년까지의 영평상 수상작과 영평 10선 리스트에서 주목해 보아야 할 것도 바로 그 사유의 흐름과 역동성이다.

그 전에 변하지 않은 것에 대해 먼저 언급해 보려 한다. 바로 이 글을 열었던 '봉준호'에 대한 평가다. 따라서 2019년(제39회) 최우수 작품상을 비롯해 3개 부문에서 수상한 〈기생충〉으로부터 거꾸로 그와 영평상과의 인연을 되짚어 보는 것이 좋을 것이다. 봉준호는 2010년대에 연출한 세 편의 작품이 모두 영평상에서 수상하는 기염을 토했다. 〈옥자〉(2017)는 넷플릭스의 투자를 받아 만든 작품이라는 이유로 국제비평가연맹 한국본부상에 선정되는데 머물렀으나, 그 전작인 〈설국열차〉(2013)는 최우수 작품상과 감독상, 촬영상 3개 부문에서 수상한 바 있다. 이 수상부문은 〈기생충〉과 완벽히 겹쳐진다. 최우수 작품상과 감독상을 동시에 가져가는 경우는 2010년대에 네 번 있었는데, 그 중 두 편이 봉준호의 연출작이다.[3] 관련해 홍경표는 2010년대에만 세 번 수상한 유일한 촬영감독으로, 그 중 두 번이 봉준호의 작품을 통해서였다. 영평상이 봉준호의 데뷔작이었던 〈플란다스의 개〉(2000)에 주목하지 못했다는 아쉬움은 있으나 두 번째 장편 〈살인의 추억〉(2003)과 네 번째 장편 〈마더〉(2009)는 모두 최우수 작품상을 가져갔으니, 2010년대 뿐 아니라 21세기 영평상의 첫 번째 부동성으로 봉준호를 꼽는 데는 이의가 없을 것이다.

---

[2] 부산영화발전과 지역 비평문화 활성화를 위해 창설된 부산영화평론가협회가 2000년부터 부산영화평론가협회상을 시상하고 있으나 전국단위로는 영평상이 유일하다.
[3] 김기덕의 〈피에타〉(2012), 황동혁의 〈남한산성〉(2017)이 있었다.

봉준호의 작품들이 편차 없이 정상의 자리를 유지해왔다면, 20세기 말부터 국내외에 이름을 떨쳤던 감독들의 사정은 달랐다. 이창동은 2010년(제30회) 〈시〉로 최우수작품상과 각본상을 수상했으나 오랜 공백기 끝에 내놓은 〈버닝〉(2018)은 칸영화제 경쟁부문 진출작임에도 불구하고 촬영상과 국제비평가연맹 한국본부상을 받는 것으로 만족해야 했다. 근 10년간 주로 외국에서 활동해온 박찬욱 또한 2010년대에 내놓은 유일한 한국영화, 〈아가씨〉(2016)로 촬영상 한 부문의 트로피만 가져간 바 있다. 흥행 성적이나 명성에 비하면 초라한 성적표다. 이 두 감독과는 달리, 다작이라는 측면에서 이전보다 더 왕성한 활동을 하고 있음에도 최근 영평상 본상 리스트에서 이름을 보기 어려워진 감독도 있다. 홍상수는 〈옥희의 영화〉(2010)부터 〈강변호텔〉(2018)까지 10년간 무려 열세 편의 영화를 개봉시켰는데, 이 중 〈자유의 언덕〉(2014) 한 편만이 최우수 작품상을 받았다. 그의 작품을 통해 연기상을 수상한 배우도 〈지금은 맞고 그 때는 틀리다〉(2015)의 정재영이 마지막이다. 그가 〈돼지가 우물에 빠진 날〉(1996)로 신인감독상을 수상한 이후 오랫동안 평론가들의 폭넓은 지지를 받았던 감독이라는 점, 그의 신작들이 여전히 굴지의 영화제들에 초청되어 종종 수상까지 하고 있다는 점을 감안할 때 의외의 실적이라 할 수 있다.

2010년대의 수상작 리스트를 살펴볼 때, 이창동, 박찬욱, 홍상수의 영화가 예전만큼 평가받지 못했던 것은 그들의 작품이 약점이나 한계를 드러냈다기 보다 신선함과 의

외성, 때로 과감함까지 추구하는 평론가들의 본능, 시상식으로서의 균형, 영평상의 역할에 대한 자의식이 크게 작용했기 때문으로 분석된다. 즉, 미학적으로 새롭거나 의미를 부여할 수 있는 작품, 그간 영평상에서 상대적으로 주목하지 않았던 감독, 여타의 시상식에서는 거의 주목하지 않는 작품이나 배우에 나름의 가산점을 준 것이다. 일례로, 〈아가씨〉가 후보에 올라왔던 해에 최우수 작품상은 김지운 감독의 〈밀정〉(2016)에, 감독상은 〈비밀은 없다〉(2015)를 만든 이경미 감독에게 돌아갔다. 〈밀정〉과 〈아가씨〉는 공히 일제 강점기를 배경으로 하고 있음에도 접근 방식이 완전히 다르다. 그 해 평론가들은 어두운 시대에 조명탄을 쏘아올렸던 독립운동가들의 이야기를 세련된 감각으로 완성시킨 〈밀정〉을 선택했다. 대표적인 흥행 감독이면서도 영평상과 인연이 없었던 김지운의 작품에 돌아간 첫 최우수 작품상이었다. 여성의 감독상 수상은 영평상 뿐 아니라 국내 어느 영화상 시상식에서도 보기 드문 장면이다. 이경미는 숨 막히는 선거전 속에서 정치인의 아내가 실종된 딸을 찾아 헤매는 이야기를 섬세하면서도 대담하게 그려내 그 주인공이 되었다.

　　〈비밀은 없다〉는 여성 감독이 데뷔하기도, 생존하기도 힘든 영화계의 유리 천장 밑에서 〈미쓰 홍당무〉(2008) 이후 7년 만에 내놓은 신작이었다. 〈친절한 금자씨〉(박찬욱, 2005)의 스크립터였던 이경미가 박찬욱의 작품보다 좋은 평가를 받았다는 것은 충무로의 세대교체라는 차원에서 주목해볼 필요가 있다. 이는 또한, 2010년대 중반부터 우리

사회에 불어온 페미니즘 바람, 영화계 성평등 이슈, 영화상의 파급력 등을 고려할 때 이 시기 영평상의 가장 탁월한 선택 중 하나로 기억된다. 덧붙이자면, 이경미가 감독상을 받던 2016년, 신인 감독상은 〈우리들〉의 윤가은이 수상했고, 2018년부터 2020년까지 신인감독상은 모두 여성이 수상했다.[4] 영평상 40년 역사에 여성 감독들에게 이처럼 주목했던 시절은 단언컨대 한 번도 없었다. 앞으로의 10년은 어떨지, 눈여겨볼 만한 지점이다.

같은 맥락에서, 연기상 역시 10년 동안 한 배우가 두 번 이상 상을 받은 경우는 거의 없다. 뒤에서 언급할 권소현(〈마돈나〉, 〈미쓰백〉)이 거의 유일한 케이스일 것이다. 2010년대에도 송강호, 최민식, 이병헌, 하정우, 김혜수 등 톱 배우들이 꾸준히 영화를 찍었고, 예외 없이 좋은 연기를 보여주었지만 두 번 상을 가져가지 못한 것은 새로운 얼굴 혹은 오랫동안 주목받지 못했던 얼굴들을 응원하려는 평론가들의 욕구가 있었기 때문이다.

영평상의 역할에 대한 자의식은 또한, 우수한 독립영화를 발굴하고 격려해온 데서 두드러진다. 지난 10년간 영평상 수상작 리스트에는 거의 해마다 독립영화가 포함되어 있었다. 이는 대중성이 많이 반영되는 영화상들에서는 하기 어려운 일이기에 큰 의미를 갖는다. 그 의미에 기대어 잠시 최근 영평상이 선택한 독립영화들을 언급해 보고자 한다. 홍상수, 장률, 김기덕 등 중견감독들도 꾸준히 저예산 영화를 만들어 왔으나 여기서는 논외로 하자. 2010년(제30회)에는 장철수 감독의 〈김복남 살인사건의 전말〉(2010)이 신인감독상과 여우주연상(서영희) 트로피를 가져갔고, 2011년(제31회)에는 〈무산일기〉(2010)를 연출한 박정범 감독이 신인감독상을, 〈혜화,동〉(2010)의 유다인이 신인여우상을 수상했다. 신아가, 이상철 감독의 〈밍크코트〉(2011)는 전국 13개 스크린에서 개봉해 2,942명 밖에 보지 않은 작품이었지만 2012년(제32회) 신인감독상 수상작이 되

---

4) 2018년에는 전고운(〈소공녀〉)이, 2019년에는 김보라(〈벌새〉)가, 2020년에는 윤단비(〈남매의 여름밤〉)가 신인감독상을 수상했다.

었다. 2013년 각본상 수상작인 신연식 감독의 〈러시안 소설〉(2012) 또한 전국 16개 개 봉관에서 5,903명이 관람한 초저예산 영화였다. 신연식은 〈러시안 소설〉을 통해 작가로 서 탁월한 재능을 입증한 후, 역시 저예산 영화인 〈동주〉(이준익, 2016)로 4년 만에 다 시 각본상을 수상하게 된다.

〈무산일기〉를 비롯해 〈한공주〉(이수진, 2013), 〈우리들〉(윤가은, 2015), 〈소공 녀〉(전고운, 2017), 〈벌새〉(김보라, 2018) 등은 사실 해외 유수의 영화제와 국내 시상 식에서도 주목받았던 그 해 최고의 독립영화들이었지만, 각각 2015년(제35회), 2016년 (제36회), 2018년(제38회)에 신인여우상을 배출한 〈마돈나〉(신수원, 2014), 〈스틸플라 워〉(박석영, 2015), 〈박화영〉(이환, 2018) 등은 상대적으로 잘 알려지지 않았던 작품이 었다.[5] 이 중, 〈마돈나〉의 권소현은 불과 3년 후 여우조연상 수상자(〈미쓰백〉(이지원, 2018))로 다시 영평상 시상식 무대에 오르기도 했다.

독립영화에 대한 영평상의 애정은 2014년 신설된 독립영화지원상을 통해서도 알 수 있다. 그 해 뛰어난 작품을 선보인 독립영화감독의 차기작 개봉을 지원하기 위해 만 들어진 이 상은 후보에 다큐멘터리까지 포함하고 있어 기본적으로 극영화만 대상으로 하 는 영평상에 더욱 의미 있는 부문으로 자리잡았다. 〈위로공단〉(2014)의 임흥순, 〈공동정

---

5) 2015년에는 〈마돈나〉의 권소현, 2016년에는 〈스틸 플라워〉의 정하담, 2018년에는 〈박화영〉의 김가희가 신인 여우상을 수상했다.

범(2016))의 김일란, 이혁상, 〈김군〉(2018)의 강상우 등이 다음 작품의 지원을 받게 된 다큐멘터리스트들이다. 사실, 극장 개봉 다큐멘터리와 애니메이션 부문 신설에 대한 부분은 영평상의 과제이기도 하다. 이 중, 애니메이션은 아직 개봉작 수가 많지 않다 해도 다큐멘터리는 한 해 30편 이상씩 개봉되고 있으며, 미학적 성취가 높은 작품들도 많아 앞으로 평론가들의 더 큰 관심이 요구된다.

당위적인 이야기지만, 영화상 시상식은 한 해 동안 수고한 영화인들이 모이고 서로의 성취와 성과를 축하하며 앞으로의 작업을 응원하는 축제여야 한다. 우열을 가리는 행사로 여겨진다면 그 시상식은 감히 실패라고 해야 할 것이다. 한 때는 공중파 방송국들이 중계를 했을만큼 큰 행사였던 영평상은 지난 10년간 화려함을 추구하는 대신 평론가의 시각에서 수상자들을 충분히 칭찬하고 격려하는 등 내실을 기하는데 초점을 맞춰왔다. 그러나 앞서 언급한 특성들은 여타의 시상식보다 영평상을 빛나게 해주는 것들이라 믿는다.

영평상 40주년을 맞은 올해, 한국영화계는 코로나 바이러스라는 직격탄으로 가사 상태에 빠져 있다. 국가 시책에 따라 떠들썩한 기념식은 요원했고, 시상식조차도 조촐하게 가질 수밖에 없었다. 그러나 이 위기가 또 다른 기회를 만드는데 평론가들의 역할도 분명히 있을 것이다. 41주년을 맞는 2021년 영평상은 코로나의 위기를 슬기롭게 극복한 영화인들의 기쁜 만남의 장이 되기를 바란다.

Korean Film Critiques

기획특집

한국영화 위기진단
한국영화는 지금, 어떻게 존재하는가

여성의 복합적인 현실을 납작하게 누르고 단순화하는 한국영화의 한 경향

손시내 (영화평론가)

〈변산〉(연출 이준익, 2017)을 보고 영화의 한 장면을 한동안 잊을 수 없었다. 서사의 진행에 반드시 필요하거나 중요하지는 않은 이 장면엔 세 명의 인물이 등장한다. 고향 변산과 미운 아버지를 떠나 서울에서 래퍼의 꿈을 키우고 있었으나 다시 고향에 내려와 발이 묶이게 된 학수(박정민), 학수가 고등학교 시절에 짝사랑했던 예쁜 친구 미경(신현빈), 학수에게 괴롭힘당하던 땅꼬마에서 이젠 지역의 건달이 된 용대(고준)가 그들이다. 오랜만에 서로를 만나게 된 세 사람은 미묘한 신경전 중이고, 용대는 미경에게 작업을 걸어보려 하고 있다. 그런데 그리 만만한 상대가 아닌 미경은 웃는 얼굴로 "용대 너 진짜 조폭이야?", "생 날라리 양아치구만."이라며 용대를 계속 긁는다. 순간적으로 욱한 용대는 손을 번쩍 들어 올리며 말한다. "한주먹거리도 안 되는 년이." 공기는 잠깐 얼어붙지만, 이내 용대는 네까짓 거 안 무섭다는 미경의 팔을 붙들고 또 만나 달라며 연신 사과한다.

아마도 인물들의 성격을 보여주고 극의 재미를 더하기 위해 연출되었을 이 장면은 말 그대로 무디다. 해당 장면이 보여주는 것은 무엇인가. 한 성깔 하는 미경은 제법 센 여자고, 거기 꼬리를 내리는 용대는 우악스러운 겉모습과 달리 숙맥 같은 데가 있다는 것? 과연 이어지는 장면에서 어떻게 해야 미경을 '자빠지게' 할 수 있을지 고민하던 용대를 미경은 단번에 제압하고, 둘은 연인 사이가 된다. 기죽지 않고 원하는 바를 이루어내는 여성 인물을 줄곧 그리던 이준익 감독은 여기서도 비슷한 캐릭터를 등장시킨다. 하지만 미경의 그러한 성격을 드러내기 위해 만들어졌을 이 장면은 보는 이들에게 곧장 현실의 측면들을 환기시킨다. 실제로는 용대보다 약하고 소심한 남성들조차 너무나 쉽게 데이트 폭력의 가해자가 되는데, 그와 같은 상황에서 여성이 놓이게 되는 힘의 관계는 이 영화가 재현한 것보다 훨씬 복잡하다. 한국영화가 젠더 감수성의 측면에서 무디다고 한다면, 여성이 처한 현실적 상황에 대해 복합적인 이해가 부족하면서도 그 상황 자체를 계속해서 영화 속으로 끌고 들어온다는 점을 하나의 강력한 요인이자 현상으로 꼽을 수 있을 것이다.

과거와 비교하면 한국영화계엔 여성 감독도 점차 많아지고 있고 여성 캐릭터도 다양화되고 있는 것으로 보인다. 영화 내에서 여성이 수행하는 역할 또한 단편적인 데에 그치지 않고 여러 방향으로 확장되고 있다. 그런 만큼 여성이 실제 현실에서 처하게 되는 현상적, 구조적 폭력도 영화 안으로 들어오게 됐다. 섬세하게 그 결을 포착하고 탐구하는 영화들도 물론 있지만, 여성대상 범죄는 여전히 영화 속에서 인물의 폭력성과 세계의 악을 표현하는 요소로 단편적, 표면적으로 사용되거나 남성 주인공의 각성과 참회를 위해 쓰이고 있다. 근래 개봉한 영화들 중엔 당장 〈다만 악에서 구하소서〉(연출 홍원찬, 2019)의 야쿠자나 〈암수살인〉(연출 김태균, 2018)의 살인범, 〈지푸라기라도 잡고 싶은 짐승들〉(연출 김용훈, 2018)에서 연희에게 폭력을 휘두르는 남편 등이 떠오른다. 이 영화들은 남성 인물의 잔인함이나 되먹지 못한 성품을 드러내기 위해 그들을 여성을 구타하고 겁주며 죽이는 이들로 그려낸다. 이미 충분히 악질적인 경찰이 더 악한 세계와 마주 보는 〈악질경찰〉(연출 이정범, 2018)은 또 어떤가. 괴팍한 노인이 동네의 살인 사건을 해결하기 위해 뛰어든다는 설정의 〈반드시 잡는다〉(연출 김홍선, 2017)

와 같은 영화도 있다. 이런 대부분의 영화들에서는 폭력성의 가시화와 서사적 뼈대의 성립을 위해 여자들이 잔혹한 위협에 시달리거나 시체가 되어 돌아온다.

〈반드시 잡는다〉의 주인공 덕수(백윤식)는 낡은 다세대 주택에서 월세를 받으며 살고 있는데, 월세 낼 형편이 되지 못하는 이들에게 일일이 찾아다니며 좋지 않은 소리를 퍼붓는 우악스런 노인이다. 이웃들이 말을 섞고 싶지 않아 그를 피하건 말건, 덕수는 딱히 아랑곳하지 않는 듯하다. 그렇게 일상이 흐르던 중, 동네에서 노인들이 죽어 나가기 시작한다. 30년 전에도 같은 사건이 있었다며 다음 타겟은 젊은 여성이 될 거라는 전직 형사 평달(성동일)은 과거의 한을 풀기 위해 이번 사건을 추적해야 한다고 주장한다. 그렇게 콤비가 된 두 사람은 나름대로 범인을 찾으려 애쓰지만 수사엔 별다른 진전이 없다. 평달이 예고했던 살인은 덕수네 세 들어 살던 지은(김혜인)과 그 친구 수경(박지현)에게 벌어진다. 수경은 죽어 토막 난 채로 발견되고 지은은 생사를 알 수 없는 상황. 하지만 고군분투 끝에 덕수는 범인을 찾고, 지은도 끝내 집으로 돌아온다. 영화의 제작진은 '장기미제사건의 범인을 잡는 영화'를 만들고 싶었다며 제작 의도를 밝힌 바 있는데, 여기엔 범인을 잡고 싶은 절실함이 범죄의 대상이 되는 불안함보다 훨씬 크고 진하게 일렁인다. 모든 사건이 끝나고 난 뒤, 동네엔

평화와 이해가 찾아온 것처럼 보인다. 덕수와 평달은 이제 후련한 얼굴이다. 하지만 의문을 갖지 않을 수 없다. 동네의 여성들은 더는 두려움에 떨지 않아도 되는 걸까. 살인범 하나를 도려내면 모든 것은 해결되는가.

한국영화는 계속해서 여성 대상 범죄를 소재로 삼고 그 원인으로 잔인한 살인범, 비인간적이고 탐욕스러운 권력, 쉽게 맞설 수 없는 세계의 어둠 같은 것들을 지목한다. 이때 정서적인 주체는 언제나 범인을 "미치도록 잡고 싶"은 남성들이다. 그들은 모두가 존경할만한 정의로운 위인이라기보다 평범한 인간적 감정 위에서 움직이는 보통의 소시민이다. 그들이 안타까워하고 분노하고 안도하고 미안해하는 동안 여성들은 위협에 처한 뒤, 구출되거나 죽는다. 한편 문제해결, 구출, 복수 등을 중심으로 쓰인 서사는 언어폭력, 대상화, 여성다움의 강요와 같이 일상적인 시공간에 도사리고 있는 구조적인 차별과 폭력을 가려버린다. 그럴수록 살인범과 범죄의 표현은 더욱 과장되고 일상과 유리된 특별한 것으로 취급된다. 세월호 참사가 일어난 한국 사회를 노골적으로 배경으로 삼으면서 기성세대의 파렴치함과 무능을 극화하려 애쓰는 〈악질경찰〉의 경우, '아이들'을 벼랑으로 몰아넣는 나쁜 어른들은 누가 봐도 그냥 악당 같은 사람들로 그려져 있다. 그중에는 임신중절 수술을 대가로 미성년자 여성에게 성관계를 요구하는 뒷골목의 어느 시술사도 있다. 여기엔 '아이들'로 불리는 시민을 지키지 못한 국가의 문제와 여성에 대한 폭력, 사회에 대한 불신, 기성세대로서의 죄책감 같은 것들이 뒤섞여 있다. 이러한 것들은 명확하게 형상화할 수 없고 섣불리 그렇게 해서도 안 되겠지만, 여기선 사악하고 음흉하게 웃는 불법 시술사, 여럿의 여성 마사지사에 둘러싸인 재벌, 광기를 드러내는 살인범의 이미지 따위로 표현된다. 그런데 과연 그런 것만이 악인가. 그런 것만이 세계를 나쁘게, 더 나쁘게 만드는 것인가?

〈반드시 잡는다〉엔 30년 전 동일한 범죄의 대상이 되었으나 가까스로 살아남은 영숙(배종옥)이 등장한다. 그는 다시 돌아온 살인마의 등장에 두려워하고 불안해하지만 덕수의 설득으로 인해 결정적인 단서를 제공하며 수사의 진전을 돕는 인물이다. 그러나 영화가 집중하는 건 그런 영숙의 결단이 아니라, 앞서 설명한 것처럼 범인을 잡고 싶은 덕수와 평달의 갈망과 절실함이다. 영화 말미, 덕수는 범인과의 사투 끝에 다쳐서 병원에 누워있다. 덕수의 괴팍함은 이해하고 보듬어야 하는 것으로 그려지고, 그것은 지은과 영숙 같은 여성 인물들의 몫으로 남는다. 잔인한 살인범은 잡혔지만,

여전히 여성에게 남은 역할은 남성을 이해하고 보조하고 돌보는 것뿐인 듯 보인다. 범죄의 피해자가 되는 것과 사회가 부과한 여성의 이미지 속에 사는 것이 실은 그리 멀리 떨어진 일이 아니라는 점에서, 이런 흐름은 충분히 문제적이다. 〈청년경찰〉(연출 김주환, 2017)도 이와 비슷한 구도 위에서 진행된다. 이 영화의 두 경찰대생은 연애의 기회를 얻고 싶어 클럽에 갔다가 별다른 성과가 없자 이내 체념하고 자기들끼리 술을 마신다. 그러다 어떤 여성을 발견하고 몰래 쫓아가던 중 그 여성이 납치되는 현장을 목격하고, 이를 추적해 여성 대상 납치 및 장기 적출 범죄조직을 잡아내기에 이른다. 여기서 여성은 가상의 연애대상 아니면 피해자인데, 자극적이고 잔인하게 묘사되는 범죄가 실은 여성에 대한 차별적이고 폭력적인 사회적 인식을 기반으로 작동하는 것임을 인지한다면, 범죄조직의 소탕이 결코 근본적 문제의 해결이 아니며 여성의 현실은 (건장한 두 청년에게 '기회'로 여겨져 뒤를 밟히는 따위의 형태로) 변함없으리라는 점을 짚을 수밖에 없을 것이다. 정리하자면 꽤 많은 수의 한국영화는 여성이 처한 현실의 문제를 단면적으로 부각시키거나, 거기 관계하는 다양한 힘의 관계와 압력을 그냥 모르는 척해버린다.

굳이 범죄를 끌고 들어오지 않더라도, 많은 한국영화는 여성을 연애 대상, (유사) 어머니, (유사) 딸, 향수를 불러일으키는 존재 혹은 잃어버렸으나 회복해야 할 가치를 대변하는 존재 정도로 배치하는 듯하다. 〈변산〉의 선미(김고은)는 학수가 떠나버린 고향에서 변함없이 머물며, 철없는 아이처럼 싸우고 고집부리는 학수에게 중요한 것을 알려주고, 고향과 화해할 수 있도록 도와주는, 말 그대로 고향의 여성이다. 〈시간이탈자〉(연출 곽재용, 2015)의 윤정/소은(임수정)도 비슷하다. 과거와 현재의 남자가 서로의 꿈을 공유한다는 설정의 이 영화에서 각각 과거의 사랑과 현재의 사랑인 윤정과 소은은 남자들이 구해야 하고 지켜야 하는 순정의 대상이다. 이들은 남성을 행동하게 하는 계기이자 동력이다. 해사하게 웃는 얼굴로 거기에 있는 존재, 그렇지만 뛰고 구르고 깨닫고 후회하고 해결하는 주체는 될 수 없는 그런 존재다. 이 외에도 〈신과 함께-죄와벌〉(연출 김용화, 2017)이나 〈희생부활자〉(연출 곽경택, 2015)의 예시처럼 자식을 위해서는 무엇이든 감수하고 무엇이든 할 수 있는 어머니, 〈다만 악에서 구하소서〉나 〈살인자의 기억법〉(연출 원신연, 2016), 〈염력〉(연출 연상호, 2017)의 예시처럼 폭력과 음모로부터 구해져야 하는 딸이라는 캐릭터는 한국영화에서 너무도 쉽게 찾아볼 수 있다. 이들에겐 복잡함이 없다. 한국 사회에서 딸로 태어나 젊은 시절을 보내고 어머니가 되는 동안 여성이 겪는 무수히 많은 경험과 복합적인 현실은 결코 영화 속으로 들어오지 못한다.

끝으로 여성을 주인공으로 내세운 두 편의 영화에 대해 덧붙이며 글을 마무리하고자 한다. 〈악녀〉(연출 정병길, 2017)와 〈미옥〉(연출 이인규, 2017)의 주인공인 숙희(김옥빈)와 현정(김혜수)은 여성 액션 영화의 주인공답게 어둑한 밤거리와 범죄의 세계를 누비는 인물이다. 숙희는 살인 병기로 길러졌고 자라서는 국가의 비밀조직에 소속되어 지령에 따라 암살과 같은 강도 높은 임무를 수행하는 자다. 현정은 기업형 범죄조직의 실질적인 실행자로 조직의 각종 문제를 빈틈없이 해결한다. 이들은 행동의 폭이 넓고 총과 칼을 다루는 강하고 센 여성들이다. 실제로 그와 같은 지점들이 유용한 홍보의 수단으로 여겨지는 것을 고려해볼 때, 다양한 여성 캐릭터 그중에서도 스스로 문제를 해결하는 강인한 여성 캐릭터에 대한 요구가 커지고 있음을 일단은 짚고 넘어가야 할 것이다.

그런데 이들이 위험에 처하고, 혹은 위험에 처할 것을 알면서도 행동을 결심하게 되는 이유가 모성으로 제시된다는 점 또한 동시에 말해져야 한다. 이미 많은 비판이 나왔지만, 그것이 여성 캐릭터를 움직이게 하는 가장 손쉬운 감정처럼 여겨지고 또 드러난다는 점에 대해선 다시 한번 언급해야 할 필요를 느낀다. 이 영화들은 냉혹하게 살아가던 여성 주인공의 약점을 자식에 대한 마음으로 표현하는데, 모성이 실제로는 얼마나 복잡한 감정인가에 대해서는 궁금해하거나 말하지 않는다. 이와 관련해 이들이 계속해서 꿈꾸는 평범한 세계를 생각해볼 필요가 있겠다. 흥미롭게도 두 인물은 모두 더 이상 조직에 속해있지 않은 어떤 평범한 삶을 꿈꾸고 갈망한다. 결혼하고 아이를 낳아 기르며 사는 그 평범한 삶을 향한 꿈 앞에서, 이들은 역설적으로 손에 피를 묻힌다. 인물의 비극과 영화의 정조를 위해 불러들여진 그 평범한 세계에 대한 꿈은 결국엔 이루어지지 못한 채 일종의 진공상태 속에 남는다. 그런데 숙희와 현정이 꿈꾸었고 원했으나 끝내 도달하지 못했던 평범한 세계는 실은 〈82년생 김지영〉(연출 김도영, 2019)이 그리는 세계에 가까울 것이다. 한국영화엔

여전히 여성의 현실이 실제로 어떻게 구성되고 움직이는지에 대한 고찰 없이 여성 캐릭 터를 설명하기 위해 편리하게 가져오는 이런저런 설정들이 난무한다. 그런 것들을 보며 한편으론 단순하고 속 편한 선택과 결정에 대한 짜증 섞인 부러움마저 느끼게 된다. 복 잡하고 불편하고 예민한 감수성을 값진 것이라 믿으며 영화적 세계와 현실 사이를 부 단히 오가는 영화들이 우리에겐 더 많이 필요하다.

시장 거대화가 예견한 파국
-영화 생태계 퇴보와 감독의 실종

송효정 (영화평론가, 대구대 성산교양대학 자유전공학부 조교수)

한국영화의 위기가 감지되던 지난 2019년, 한국영화는 〈기생충〉 덕분에 겨우 한국영화 100주년에 걸맞은 성과를 남겼다. 하지만 분명 오늘의 한국영화는 위기다. 2020년 올해 1월부터 10월까지 극장 관객은 전년대비 70%이상 급감했다. 극장 실 질개봉 편수가 줄고 재개봉작이 등장하면서 코로나19가 잠시 완화되었던 5월에는 전체 대비 재개봉 매출 비중이 20.6%에 달하기도 했다.[1] 전 세계 극장 시장 규모는 지난 2019년 OTT 시장에 추월당했다. 디지털 문화에 익숙하고 새로운 기술에 저항 감이 없는 밀레니얼세대·Z세대는 새로운 콘텐츠 서비스에 빠르게 적응하고 있다.

가성비를 중시하는 젊은 세대들에게 OTT 구독서비스에 비해 극장 요금은 터무 니없이 비싼데다 매력적이지도 않다. 안전문제가 해결되지 않는 한 관람 문화에 익 숙한 세대들을 다시 극장으로 불러들이기도 어려울 것이다. 코로나19 뉴노멀 이전 상태로 돌아간다 하더라도 영상 플랫폼에서 다양한 영상 콘텐츠 향유에 입맛이 길든 관객들이 다시 극장에서 한국영화를 찾을 것이라고 확신하기 어렵다. 분명 근미래

---

1) 영화진흥위원회 정책사업본부 정책연구팀, 「2020년 상반기 한국영화 결산」, 2020.08., 15-24쪽.

한국영화의 앞날은 불투명하다.

　지난 2019년 극장 관객 수가 2억 2668만으로 최고치에 도달했다. 5편 이상의 천만관객 영화 중 한국영화 〈극한직업〉이 1,626만 명을, 〈기생충〉이 1,085만 명을 기록했다. 역대 최다 극장 관객 수에 힘입어 2019년 한국 영화시장 전체규모는 처음으로 6조 원을 넘었다. 관객 수 증가와 함께 단가가 높은 특수상영 또는 특수상영관 매출이 많았고 N차 관람이 확대된 등의 영향이기도 했다.[2]

　수치가 주는 착시 속에서 낙관적 전망까지 나왔다. 영화관 관람은 배타적 방식이 아니라 온라인 플랫폼을 통한 관람과 상호보완적 행위라는 전망이 그러하다. 이런 자조적 위안을 논외로 하더라도 코로나19나 관람 플랫폼 다원화라는 외적 상황뿐 아니라 한국영화의 내적 요인을 살펴보아도 위기의 징후는 뚜렷해 보인다.

---

2) 영화진흥위원회 정책사업본부 정책연구팀, 「2019 한국 영화산업 결산」, 2020.05., 4쪽.

'천만관객'이라는 유령

'볼 만한 한국영화가 없다'는 불만은 2000년대 중반 이후 상투어가 되었다. 상업성과 비평적 성과에서 놀라운 균형감각과 역동성을 보였던 2000년대 초반을 지난 후 상업영화들이 장르적 유행에 휩쓸리고 '천만관객'을 영화적 성취로 자평하던 시기부터 한국영화의 위기설은 때때로 부상했다. 대표적인 것이 2007년 한국영화 위기설이다.3) 당시 전년부터 수익성이 악화되어 2007년에는 108편 개봉에 20편만이 흑자를 기록하며 서울관객수가 전년 대비 9.1%하락했으며, 한국영화 수익률이 마이너스 60%를 기록했다.

미국이나 일본 등 외국 드라마의 유행, 수출 급감, 불법 다운로드나 개봉편수 증가, 멀티플렉스의 포화상태 등의 외적 요인도 있었지만 주요한 원인으로 지목된 것은 '창의성 결여'였다. 비슷한 소재, 완성도 낮은 스토리, 소비자의 취향 변화에도 불구하고 여전히 과거의 영화 소재와 스타일을 답습하기, 스타 배우의 출연료 증가

3) 전상희, 「「2007 한국영화 결산」 관객점유율–수익성 '위기의 한해」, 『스포츠조선』, 2007.10.24.; 김세윤, 「신음하는 한국영화 숨마저 넘어가나」, 『시사IN』 15호, 2007.12.; 문석, 「한국영화 위기」, 『씨네21』, 2007. 7. 30.; 「한국영화 거품 빠지나」, 『연합뉴스』, 2007.1.21.

로 실질적 제작비가 감소한 것 등이 원인으로 지목되었다.[4] 포화상태에 이른 것으로 보였던 멀티플렉스 영화관은 이후 계속 증가하여 2007년 총 2058개이던 스크린 수가 2019년에는 3079개까지 증가했다. 시장을 늘려가며 위기의 임계점을 미루다 돌이킬 수 없는 시점에서 코로나 19 타격까지 얻은 셈이다 .

다시금 진지하게 한국영화 위기설이 떠돈 것은 2019년이다.[5] 가시적으로 감지된 징후는 전년도인 2018년 추석명절과 연말 겨울 극장가에서 한국영화 대작들이 연달아 흥행에 실패한 현상이었다. 우선 추석영화로 〈안시성〉(215억원), 〈명당〉(120억원), 〈협상〉, 〈물괴〉 중 〈안시성〉만이 수익을 냈다. 겨울 극장가에서는 〈마약왕〉(165억원), 〈스윙키즈〉(153억), 〈PMC: 더 벙커〉(140억)가 나란히 개봉했는데 반응이 좋지 않았다. 12월 한국영화 점유율은 7년만의 최저치인 47.2%에 머물렀다.[6]

이른바 '대마불사(大馬不死)'라고 성수기 시장에 대규모의 영화로 진입하면 흥행할 확률이 높았던 시대는 지났다. 동시에 영화 마케팅도 방향을 잃었다. 영화평론과 매체의 힘이 약해졌으며, TV, 케이블, 종편, 유튜브 등 채널이 다양해지며 홍보 집중도도 떨어졌다. 전문가 별점평에 대한 신뢰도마저 떨어졌고 단기간에 SNS를 통한 입소문이 더욱 흥행에 민감하게 작용하는 예측 불가능한 마케팅의 시대가 되었다.[7] 유명 감독과 배우, 거대한 자본을 투입한 '텐트폴' 영화가 작은 규모의 영화들을 밀어내는 보이지 않는 폭력적 독점이 일상화되었고 대중들은 점차 이러한 한국영화들에 흥미를 잃어가고 있다.

---

4) 고정민, 「수요공급관점으로 본 한국영화 위기의 진단과 전망에 관한 연구」, 『인문콘텐츠』 12, 2008, 184-189쪽.
5) 조현정, 「더 이상 한국영화를 안 보는 사람들」, 『아트인사이트』, 2018.8.15.; 이원, 「대작들 참패… 위기의 한국영화」, 『국제신문』, 2019.2.20.; 성하훈, 「재미 못 주고 관객에게 외면 받는 한국영화, 위기일까?」, 『오마이뉴스』, 2019.1.3.; 조재영, 「다시 고개 드는 한국 영화 위기론… "볼 만한 영화가 없다"」, 『연합뉴스』 2019.9.17. 이 글들에서는 최근 한국영화가 비슷한 영화들을 양산하고 있으며 이는 주로 사극과 남성 중심의 느와르물이 주류를 이루고 있음을 밝힌다. 한국 영화 단골 소재와 장르가 조폭·검사·경찰·정치인·언론·재벌 2~3세가 등장하는 범죄 액션물이며, 사회적 메시지를 담은 실화나 애국심을 자극하는 이야기, 부성애 등도 최근 몇 년간 흥행 코드였다는 것이다.
6) 김성훈, 「[한국영화 기획①] 2018년 성적을 바탕으로 2019년 한국영화 흥행을 예측해보니」, 『씨네21』, 2019. 1.23.
7) 이를 단적으로 보여주는 것이 2018년 개봉한 〈인랑〉과 〈염력〉을 '〈리얼〉급'이라 칭한 커뮤니티 리뷰가 빠르게 트위터, 페이스북, 인스타그램으로 넘어가 확산되며 개봉 며칠 만에 관객 수가 급감했던 현상이다. 임수연, 「〈인랑〉에 무슨 일이 ... 〈리얼〉급? 과연 이래도 좋습니까?」, 『씨네21』, 2018.8.16. 참조.

남성 감독-장르-배우 패키지

한국영화에서 비슷한 영화들이 반복적으로 만들어지고 있다는 대중들의 반응에는 나름 근거가 있어 보인다. 관객동원력이 높은 감독, 그 감독의 전형적인 장르(주로 범죄물), 그리고 남성 배우들의 멀티캐스팅은 하나의 관행으로 자리 잡았다. 개런티가 높은 원 톱 스타배우에 대한 부담을 줄이며 다양한 개성의 배우들의 시너지 효과를 누리기 위해 시작된 멀티캐스팅 전략은 유사한 배우들의 조합으로 구성되는 하향평준화 된 상업영화 양산으로 이어졌다.

〈범죄와의 전쟁-나쁜놈들 전성시대〉(2012), 〈신세계〉(2013), 〈암살〉(2015) 등에서 전형화 된 멀티캐스팅은 성공적인 장르(범죄), 성공적인 조합(관료-조폭 남성 집단)의 결합으로 굳어지며 한국 상업영화의 전형이 되었다.

2010년대 초반만 해도 멀티캐스팅에 주도적 역할을 하는 여성캐릭터가 있었으며, 영화들의 장르 역시 범죄, 사극, 사회물 등 다양한 편이었다. 하지만 2015년을 지나면서부터 주도적 역할의 여성 캐릭터가 사라진다. 범죄물에 피상적 사회비판을 결합시킨 느와르 스타일의 남성 멀티캐스팅 영화들이 대거 등장하기 시작한다.

영화 속 여성 캐릭터는 윤락업에 종사하는 성노동 여성이거나 성착취 및 폭력으로 인해 시체가 되는 여성들이 주를 이루게 되었다. 바로 이러한 맥락에서 2017년 한국 상업영화에 나타난 여성혐오에 대한 문제제기가 발생했다. 이는 영화 〈브이아이피〉, 〈범죄도시〉, 〈청년경찰〉 등 범죄영화들에서 여성인물이 성폭력의 대상으로

재현되고 서사적으로 소모되는 양상에 대한 항의의 일환이었다. 특히 〈브이아이피〉 영화 속 단지 11명 나오는 여성 배역 중 2명은 극중 납치·강간당하거나 맞았고 나머지 9명은 시체였다는 점은 참으로 시사적이었다. 엔딩 크레디트에 이들을 '여자 시체'로 기재했던 제작사 측이 네티즌들의 비난을 받은 후 이를 '여자 역'으로 고치는 웃지 못할 해프닝도 있었다.

재미없는데다 불쾌하기조차 하다. 남성감독-장르-배우의 조합은 기시감이 드는 유사 장르물들을 양산하면서 대중들의 흥미를 잃어갔다. 감독의 미학적인 도전이나 스타일상의 개성은 사라져갔고, 배우들은 비슷한 질감의 영화에 유사한 역할로 반복하여 출연하면서 이미지를 소모시켰다. 조연급으로 등장하는 남성배우들 역시 30-40대의 배우들로 채워졌다.

감각적으로 세대적으로 무엇보다도 젠더적으로도 동시대가 요구하는 새로운 영화와는 동떨어진 그들만의 리그에 갇혀버린 셈이다.

감독의 실종, 기획력의 부재

왜 이렇게 비슷한 영화들이 무비판적으로 복제되고 있는가. 위에 언급된 영화들의 면면만 보더라도 2010년대 초반까지만 해도 고유한 스타일을 지닌 영화감독이 영화 선택에서 중요했다. 하지만 근래의 영화들은 홍보마케팅의 과정에서 비슷한 장르-배우들을 어필할 뿐 감독의 이름을 점차 지워가고 있음이 분명하다. 근래 한국 상업영화에 감독이 존재하는가? 『씨네21』에서는 2019 한국영화 진단 기획을 통해 한국 상업영화에는 감독이 없으며, 감독들이 주어진 기획 아래에서 선택할 수 있는 여지가 점점 줄어들고 있음에 주목했다.[8]

새로운 영화는 새로운 기획력에서 나온다. 1990년대 초 젊은 영화제작자들을 중심으로 철저한 시장성과 사회문화적인 트렌드 분석에 맞춰 계획된 영화를 제작하기 시작한 것이 소위 '기획영화'는 관성적인 한국영화계에 새로운 바람을 불러일으켰다. 2000년대 초반 개성적이면서도 새로운 영화들이 등장할 수 있었던 것도 감독들의 크리에이티브에 대한 신뢰성에 바탕을 둔 젊은 기획력에 바탕을 둔 것이었다.

영화 투자자들은 성공할 영화를 찾으며 조금의 리스크라도 피하려 하기 때문에 결국 개성과 독창성이 사라지고 하향평준화된 비슷한 장르 비슷한 설정의 영화들이 답습된다. 영화를 기획하는 제작자의 주관이 뚜렷하면 독창적 아이디어를 지닌 감독과 자본을 대는 투자자 사이에서 조율이 가능할 것이다.

추석명절이나 겨울시즌용 텐트폴 영화에 지나치게 의존하는 경향이 문제다. 근래 한국 상업영화의 평균 제작비는 100억 원을 상회한다. 100억 미만의 중소영화들이 선보일 다양성의 입지가 사라지고 있는 것이다. 흥행에 한 번 실패한 감독에게 다시 기회를 주지 않는 경우도 문제다. 관객 동원에 성공하지 않아도 영화적 평가가 높으면 신뢰해주는 분위기는 이미 사라졌다. 실패한 감독은 자신의 이름을 지우고 비슷한 외형의 상업영화로 돌아온다. 비록 영화를 계속 만들 수 있게 될지는 모르지만 그것은 관객들이 기대하는 바가 아니다. 그런 점에서 〈파수꾼〉으로 독립영화의 기린아가 된 윤성현 감독의 두 번째 작품 〈사냥의 시간〉과 〈한공주〉로 주목받았던 이수진 감독의 〈우상〉의 실패를 돌아볼 필요가 있다.

---

8) 송경원, 「2019 한국영화 진단 연속기획① - 상업영화가 놓치고 지나간 것들」, 『씨네21』, 2020.3.12.

SF가 대세? 문제는 강소영화와 젠더 감수성

　　근래 한국 상업영화는 기존의 범죄-느와르
물에서 대중들의 관심이 떠난 것을 잘 알고 있
으며 주력 장르로 SF를 기대한다. 인간형 로봇
이 등장하는 스페이스 활극인 조성희의 〈승리
호〉에는 젊은 배우인 송중기와 김태리가 출연한
다. 영생의 비밀을 지닌 복제인간을 소재로 한
이용주 감독의 〈서복〉에는 박보검과 공유가 타
이틀 롤을 맡았다. AI 기술로 인간의 관계성을
살펴보는 김태용 감독의 〈원더랜드〉는 배수지,
박보검, 최우식, 정유미, 탕웨이, 공유 등을 캐
스팅했다. 구체적인 사항이 공개되지는 않았지
만 최동훈 감독 역시 류준열, 김태리, 김우빈을
내세워 〈외계인〉이라는 SF 신작을 준비 중이다.

　　SF의 새로운 흐름은 한국영화의 활로가 될
수 있을까? 넷플릭스와 같은 OTT서비스를 통
해 동시대 세계의 다양한 영상 콘텐츠를 접하는
한층 높아진 관객들의 취향을 만족시킬 것인가?
개성적인 감독, 젠더평등적인 캐스팅과 역할, 새
롭고 도전적인 미학과 주제, 그리고 한층 젊어
진 배우층에서 기대감을 가져볼 법도 하겠다.
하지만 다시금 규모의 경쟁과 멀티캐스팅으로
감독의 개성을 지워나간다면 김지운의 〈인랑〉,
연상호의 〈반도〉가 보여준 실패를 답습하게 될
지도 모를 일이다.

　　2019년 최대 흥행작인 〈극한직업〉의 제작
사는 흥행의 요인을 자신들도 모르겠다고 솔직
한 소회를 밝혔다.9) 설 연휴 경쟁작들의 흥행

저조에 반사이익을 받은 탓이 크겠지만, 관객의 선택은 때로 시장과 제작자의 예측을 벗어나는 창발적인 것이다. 65억의 제작비로 900억의 매출을 얻은 〈극한직업〉의 사례는 사뭇 예외적이다. 2019년 한국 독립영화의 빛나는 성취를 이룬 김보라 감독의 〈벌새〉는 3억이 채 못 되는 제작비로 영화를 만들었다. 〈플란다스의 개〉를 10만 명이라는 관객 수로만 평가했다면 오늘날의 봉준호는 없었을 것이다.

몇 편의 영화로 극장의 스크린을 독점하는 텐트폴 영화에서의 시행착오는 다행인지 불행인지 코로나 사태로 인해 당분간 중단될 것이다. 그 자리를 대신해서 새로운 시선으로 세계를 보는 강소영화와 독립영화에서 한국영화의 새로운 가능성을 장이 열린 지도 모른다.

젠더 감수성은 가치관의 올바름뿐 아니라 작품의 성취도와 관객들의 취미판단을 고려하면 새로운 한국영화에서 무엇보다 중요한 가늠 준거다. 젠더 평등하기에 재미있는 것이 아니다. 새롭고 다르기 때문에 재미있는 것이다. '그들만의 리그' 바깥에서 다양한 개성을 펼쳐내는 서사들이 결과적으로 재미있다는 사실은 유연하게 시대의 취향과 윤리에 맞춰 개발되는 TV, 케이블, 유튜브, OTT 인기 콘텐츠를 통해 입증되고 있다. 거대자본이 투자되는 한국영화는 진화에서 뒤쳐진 거대한 공룡이 되고 말 것인가. 장기불황이 예상되는 한국영화계가 진지하게 고민해 볼 시점이다.

---

9) 김성훈, 「7가지 키워드로 돌아보는 2019년 한국영화 배급과 흥행」, 『씨네21』, 2020.3.21. 참조.

영화의 정확해지고 싶은
'근사(近思)'1)한 욕망

지승학 (영화평론가)

언젠가 문학비평가 신형철의 영화 비평 글, "정확한 사랑의 실험"2)을 읽은 적이 있다. '문학의 근원적 욕망 중 하나는 정확해지고 싶다는 욕망이다'라는 문장으로 시작되는 이 글에서 나는 '정확해지고 싶다는 욕망'이라는 표현에 격하게 공감한 적이 있었다. 풍부한 문학적 감수성으로 가득 찬 글이 그러하듯 여기에서는 장승리 시집의 문구를 이용하여 '사랑받는 사람의 욕망'은 '정확하게 사랑받고 싶어 한다'는 뜻을 충실히 반영하면서 몇 편의 영화를 다루고 있었다. 그런데 비평이라고는 하지만 그 문장들은 결국 인간의 문제를 향하고 있었고, 영화를 통해 이야기 되고 있는 중이었으니 그것을 조금 바꿔서 이해해 볼만하다고 생각했다. 그가 말한 그 욕망은 문학의 욕망이기도 하지만 어쩌면 '영화의 욕망'에 더 '가까운 생각'(근사(近思))3)일지

---

1) 제목에 사용한 '근사(近思)는 '가깝게 생각한다'는 의미로서 '먼 곳을 보지 않고 자기와 가까운 것을 생각한다'는 본래 의미를 변주하여 본 문에서 언급하는 '정확해지고 싶은 욕망'의 또 다른 표현으로써 사용하고자 한다. 더불어 동음이의어인 '근사(近似)와는 '다르지만 같은' 의미적 상호성을 강조하기위해서 사용하고자 한다.

2) 신형철, 씨네21, "정확한 사랑의 실험"(http://www.cine21.com/news/view/?mag_id=75949)

3) '정확해지고 싶은 욕망'은 똑같아 지고 싶다는 욕망을 함축하고 있으므로 이를 대표하는 용어로서 '근사(近思)를

모른다고 말이다.

사실 정확해지고 싶다는 문학의 욕망은 대체할 수 없는 '문장'을 말한다. 정확히 그것은 실재적 '이상'(사랑, 진리)을 어떤 '문장'으로 대체할 때 더 이상 다른 말이 필요 없는 유일무이한 상태를 욕망하고 있는 것이었다. 하지만 문학은 '이상'과 '근사치'(近似値)의 상태, 즉 똑같을 수는 없는 그저 비슷한 상태로만 존재할 수밖에 없는 슬픈 운명을 타고 난 것이다. 여기에서 '꽤 비슷한 상태'는 결국 영원히 아물 수 없는 간극이 존재함을 의미하는 것으로서 이를 두고 그는 '욕망'이라고 표현했던 것이리라. 불행히도 이 운명은 영화에서도 되풀이 된다. 영화 역시 근사치로만 존재하기 때문이다. 다만 문학에서 말하는 '근사치'는 '진리 혹은 사랑'과 가까워지려는 욕망의 근사치라면 요즘 영화의 근사치는 '원작'을 향한 욕망의 근사치라고 바꿔 말할 수 있다는 점이 다르다면 다른 점일 것이다.

이 말은 어떤 성공한 원작을 모태로 한 영화인 경우 기꺼이 원작에 종속당하고 말겠다는 식으로 이해하게 되면 꽤 불편한 의미가 되기도 한다. 더 비판적으로 말하자면, 영화가 작동시키는 이 근사치는 곧 세속적인 '노림수'가 되어 곧 이상한 자발성이 되기까지 한다. 문학의 욕망을 우월한 것으로 여기는 듯 보이는 영화의 이 '이상한 자발성'은 심지어 잘 팔리는 상품가치의 관성을 그대로 유지하고 싶어 하는 자본주의적 욕망과 만나게 되면 속물적인 열등함으로 변질 돼버리고 만다. 성공한 원작을 각색한 영화를 만나게 되면 늘 상 느껴지고는 했던 왠지 모를 불편한 기운은 이런 우월함과 열등함의 관계가 은연중에 변칙적으로 내포된 탓이 크다.

1. 위계(位階)의 발생

그러면 기왕 이렇게 말해 버린 거 다음과 같은 질문을 시작으로 해서 그 문제점을 다뤄보도록 하자. "성공한 원작이 영화로 각색되면 어떤 특징이 나타나는가?" 본질적으로 영화는 '글'이 '영상'으로 바뀌는 가장 종합적인 형태의 장을 제공한다. 또한 영화가 흡수하는 '글'의 분야(물론 성공한 원작으로서의 글)에는 매우 다양한 것들이 자리하고 있어서 어느 것 하나를 콕 집어 말하기가 매우 어렵다. 시나리오라

사용하고자 한다. 저자 주.

는 형태의 '글'은 영화의 예비 단계라는 점 때문에 차치하더라도, '소설', '만화', '웹툰', '게임', '실화(개인적/사회적)' 더 나아가 '과학이론'들마저 영화로 바꿀 수 있기 때문이다. 이렇게만 보면 마치 영화가 글로 만들어진 모든 것들을 흡수할 수 있는 우월한 어떤 것처럼 보이기 십상이다. 하지만 정말 그럴까? 이를 알아보기 위해 먼저 나는 이 모두를 '이야기'할 수 있다는 사실에 주목해 보고자 한다.

신기하게도 '이야기'에는 서로 다른 문화별 특색이 뚜렷하게 존재하더라도 반드시 반복적으로 존재하는 공통적인 요소가 있다. 어떤 이야기이든 사건에 휘말리고 이를 극복하는 과정 그리고 등장인물의 역할과 행동 등이 각각의 문화적 경계를 초월하여 반복적으로 존재하고 있다는 뜻이다. 이야기가 문자 발명 이전부터 '말로써' 전승되어온 것이라면 역사적으로도 중요한 의미까지 갖는다. 학문적으로는 이런 이야기 속에 자리한 비슷한 구조들을 통해 문화별 유형을 분류하려는 시도가 있기도 했는데, 이 때 이야기 속 공통 요소를 '서사'라는 양식으로 분류하여 문화적 차이를 유형화하기도 했었다. 성공한 원작을 영화로 정확하게 표현하려는 시도가 서사라는 '양식'에 일치시킬 때 훨씬 더 정확해질 수 있을 것 같아 보이는 이유는 바로 그 때문이다. 서사의 양식은 역사와 문화에 깊이 관여한 채 이런 패턴을 유지해오고 있었던 것이다. 이것이 영화의 양식보다 서사의 양식에 익숙해진 이유라고 할 수 있다. 그런데 이 익숙함은 곧 우월함으로 뒤바뀐다. 원작에게 스스럼없이 우선권을 내주고 마는 영화의 '이상한 자발성'이 상품가치가 증명된 원작이라면 무엇이 되었든 따라해야 한다고 훈육하기 시작했기 때문이다. 마치 주인과 노예의 관계처럼 자본시장 안에서는 '우월한 원작'과 '열등한 영화'의 위계가 그렇게 규칙이 돼버린 것이다. 이로써 적어도 앞서 제시한 질문에 대한 답 중 하나는 명확해질 수 있게 됐다. "성공한 원작이 영화로 각색되면 어떤 특징이 나타나는가?" 서사와 영화의 관계란 자본시장 안에서만큼은 우월함과 열등함의 변칙적 '위계'(位階)로 고정될 수밖에 없다는 것 바로 그것이 여기에서 주목하려는 이 질문에 대한 답이자 우려이다.

2. 서사의 양식, 영화의 양식: 〈호텔 몸바이〉와 〈호텔 타지마할〉

서사와 영화를 우월함과 열등함으로 판단하고 있다는 예시로는 동일한 '실화'를 영화화 한 〈호텔 몸바이〉(원제: Hotel Mumbai, 2018)와 〈호텔 타지마할〉(원제: House of War, 2018)의 상반된 평가를 통해서 다시 한 번 확인할 수 있다. 두 영화는 2008년 인도에서 파키스탄 테러조직에 의해 실제로 자행되었던 끔찍한 테러 사건을 바탕으로 제작되었으나 〈호텔 몸바이〉에 비해 〈호텔 타지마할〉은 혹평 일색이다. 왜 그럴까? 과연 〈호텔 타지마할〉은 작품성이 전혀 없는 영화인 것인가? 실화의 재현 문제에 있어서 어느 것이 더 뛰어난지 예단할 수 없을 정도로 의미 있는 문제의식으로 가득한 두 영화를 이렇게 단정 짓는 것은 과연 정당한 일인가? 여기에서 한 가지 확실하게 말할 수 있는 것은 '서사의 양식'과 '영화의 양식'을 우월함과 열등함의 관계에 빗대어 볼 때 비로소 그 차이를 확실하게 인지할 수 있게 된다는 사실이다.

〈호텔 몸바이〉는 테러 사건의 발생 개요와 호텔 내에서 끝끝내 투숙객들을 지켜낸 직원들의 희생, 그리고 테러범들을 일망타진하게 되는 과정과 그 속에서 야기되는 선과 악의 윤리적 판단을 서사의 양식에 정확하게 일치시킨다. 반면 〈호텔 타지마할〉은 그 방식을 택하지

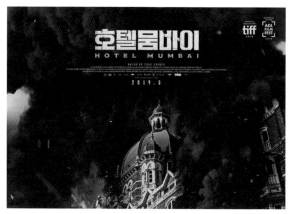

않는다. 돌이켜보면 서사에 전부 담지 못하는 것을 영상에 담기를 원했기 때문일 수 있다. 이 영화의 원제가 〈House of War〉라는 의미는 그래서 주목해 볼만하다. 인도의 한 호텔 '객실' 속에서 벌어지는 갈등은 지구촌의 갈등구조를 '미시적으로 압축'해 놓은 것이고 영화는 그 의미에 충실하게 접근하고자 노력한 것이라고 이해해 볼 때, 이 제목은 철학적으로 보이기까지 한다. 그래서인지 개인적으로 〈호텔 타지마할〉이 지닌 갈등의 미묘한 구조를 포착하는 방식은 독특하게 다가왔으며 그 울림은 그 어떤 영화보다도 강렬했다.

이 와중에 〈호텔 몸바이〉는 수작(秀作)으로, 〈호텔 타지마할〉은 졸작(拙作)으로 구별된다. 그러니, 이로써 내릴 수 있는 잠정적 결론은 다음과 같다. 우리는 이미 어느 한 쪽으로 기울어버린 평가 잣대를 가지고 있다는 것. 그런 태도에는 서사의 양식이 더 우월한 역할을 할 것이라는 선입견이 밑바탕에 깔려있다는 것. 그리고 보니 우리는 서사의 양식이 복잡하고 정교하면 할수록 빼어난 영화로 평가 하는 습관이 있긴 했다. 문학적으로도 서사의 정교함이 작품의 완성도를 보증해 오지 않았던가. 이것이 대다수 관객들이 〈호텔 몸바이〉를 더 잘 만든 영화라거나 더 재미있는 영화로 이해하는 가장 결정적인 이유다. 실제로 두 영화를 대하는 태도뿐만 아니라 모든 영화를 볼 때에도 우리는 서사의 양식을 더 우월한 것으로 여기는데 익숙해져 있다. 우월함과 열등함의 관계는 서사의 양식 속에서 그렇게 자기의 위력을 여기저기에서 드러낸다.

3. 영화, 서사에서 벗어나기

그 위력은 '소설'이라는 장르가 '영화'로 옮겨질 때 더 배가되며 '시간'이라는 속성과 만나면 더 증폭되는 경향을 보인다. 그러나 사실 시간은 소설과 영화를 가르는 주요 경계다. 소설의 세계는 실제 우리가 겪는 시간을 선형적 전개 방식으로만 묘사할 수밖에 없는데 비해 영화는 그러지 않아도 되거나 다른 방식을 차용할 수도 있기 때문이다. 이를테면 '소설' 『82년 생 김지영』에서 주인공 김지영의 이야기는 나이대별 구성 혹은 연도별 통계자료나 신문기사 등을 기반으로 하여 연대순(선형적 시간)으로 등장하는데 반해, '영화'〈82년 생 김지영〉속 그녀의 이야기는 이러한 과정이 축소되거나 생략된 채 내용 상 강렬한 사건 위주로 재편되는 경향을 보이는 것에서도 확인해 볼 수 있다. 하지만 여기에서 비판해 볼 지점은 '영화임에도 지나치게 선형적 전개방식만을 고집했다는 점'이다. 문학 작품인 『82년 생 김지영』은 영화를 애초에 고려하고 있지 않은 채 창작된 반면에, 영화 〈82년 생 김지영〉은 성공한 텍스트로서의 소설을 흡수하려는 경향을 보였다는 점에서 보면 더 그래 보인다. 요컨대 소설의 선형적 전개 방식을 영화가 맹목적으로 뒤따르고 있었다는 얘기이다. 이 전제는 곧 바로 영화가 소설의 모방물일 수밖에 없다는 열등함을 당연하게 받아들이게 한다. 의도야 어쨌든 이런 편향성은 변질된 위계가 되어 영화의 이상한 자발성을 더욱 촉발시킨다.

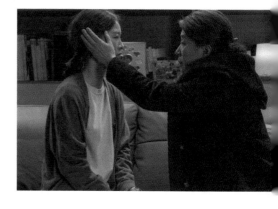

하지만 사실 영화를 열등한 것으로 만들어버리는 이 이상한 자발성에서 자연스럽게 벗어날 수 있는 방법은 선형적 전개방식으로서의 '시간재현' 문제를 재설정하는 일에서부터 시작될 수 있다. 선형적인 시간 재현의 문제를 다각화 하게 되면 영화의 정확해지고 싶은 욕망이 이상한 자발성으로 변질되는 것을 방지할 수 있을 뿐만 아니라 영화가 소설의 모방물일 수밖에 없다는 오명에서도 덩달아 벗어날 수 있다. 그러려면 우선 시간 재현의 문제가 서사의 양식과 영화의 양식에서 서로 어떤 '차이'를 드러내는지에 대한 확실한 이해가 선행되어야 한다. '차이'는 '위계'의 문제가 아니다. 시간 재현의 문제가 운명적으로 선형화 될 수밖에 없는 서사의 양식으로부터 자유로워지면 영화는 자연스레 자신의 고유한 능력을 회복할 수 있게 될 것이란 뜻이다. 정확해지려는 영화적 욕망은 '시간의 재현' 문제와 그렇게 연결된다.

4. 영화적 상대성이론: 시간의 동시성, 압축성

그러므로 영화가 제아무리 성공한 원작의 상품 가치를 등에 업고 그 성과를 고스란히 공유하고 싶어 하는 자본주의적 꼼수에 빠져 있다고 해도 시간재현의 문제는 가장 진중하게 고민되어야 할 사안이다. 그러면 질문은 이렇게 달라질 수 있다. "영화에서 '시간'은 어떻게 재현될 수 있는가?"

성공한 원작을 영화로 각색하는 방법이 어려운 건 서로 다른 양식의 차이를 극복해야하기 때문이다. '영화는 서사와 다르다'는 차이의 인식은 적대적인 방식이 아닌 한, 그래서 필요하다. 사실 영화는 서사와 달리, 시간의 본질과 닮아있다.4) 크리스토퍼 놀란(Christopher Nolan) 감독은 이런 시간의 본질을 가장 효과적으로 재해석한 감독이라고 할 수 있다. 그의 영화적 시간은 〈메멘토〉에서 어떤 징후를 보인 이후 영화〈인셉션〉을 거쳐 〈덩케르크〉에서 가장 뚜렷하게 발휘 되다가 〈인터스텔라〉와 〈테넷〉에 이르러 은유적 시간이 되어간다. 요컨대 기억을 재현하는 시간으로서의 〈메멘토〉에서, 〈덩케르크〉에 이르러 시간은 기계에 따라 다르게 변주될 수도 있는

---

4) 질 들뢰즈는 '시간-이미지'라는 개념을 통해 바로 영화와 시간의 관계성에 대해 밀도 높게 서술한다. 하지만 본문에서는 그의 논의에 집중하기보다 실질적인 영화적 시간재현문제에 초점을 맞추고자 크리스토퍼 놀란 감독의 일련 영화들을 예시로 삼아 거칠게 논의를 이어가고자 한다.

상대성 이론이 되어간 것이다. 이를 테면 〈덩케르크〉에서 전투기, 배/잠수함, 신체로 인해 결정되는 시간의 묘사는 상대적 관계를 통하여 재현된다. 보병이 경험하는 수십 시간은 전투기의 2시간으로 '압축'된다. 〈인셉션〉에서 꿈의 1시간은 현실의 1초와 '동시적'이다. 게다가 이런 모든 시도는 서사적 묘수를 둘 수 있게도 해준다. 그런 면에서 〈인터스텔라〉는 일반상대성이론의 시간관을 서사의 양식 속에 재 융합시켜 놓은 작품이라고 볼 수 있다. 결론적으로 말하면 그는 시간재현의 문제를 '서사의 양식'을 거부하지 않으면서도 시너지를 일으킬 수 있는 소위 '영화적 일반상대성이론'을 새롭게 고안해 냈던 것이다. "기억-시간, 꿈-시간, 선택-시간5), 기계-시간, 공간-시간"이라는 상대적 관계는 영화적 재현의 시간이 지닌 변주의 가능성들을 온전히 드러낸다. '동시성', '압축성'은 그 시간재현에 있어서 빠질 수 없는 원소이며 서사의 양식 속에 스며들면 독창적인 스타일을 만들어내기도 하는 요건이 되기도 한다.

5. 결론: 정확해지고 싶은 욕망과 시간

영화적 시간은 선형적 전개, 즉 서사의 양식만을 고집할 필요가 없음을 우리에게 확실히 보여준다. 영화의 정확해지고 싶은 욕망은 우리에게 2시간 남짓의 선형적 시간의 서사를 영화로써 소모하는 것이 아니라, 2시간 남짓의 세상을 현실로써 압축적이며 동시적으로 경험하게 해주려는 욕망에 다름 아닌 것이다. 영화는 시간을 흥미롭게 '보낸다.'는 말보다 시간을 정확하게 '경험한다.'는 말의 실천 장인지 모른다. 다시 말해 영화의 욕망은 '영화의 시간'을 '존재적 시간'에 정확히 가져다 놓으려는 '근사(近思)'였던 것이다. 이 욕망은 시간의 압축성과 동시성으로써 본질적 시간에 더 가까이 다가가려할 때 마다 강해진다. 영화가 모든 원작을 '흡수'할 수 있는 이유는 바로 이런 영화적 시간의 변주 능력 덕이다. 더욱이 시간의 동시성, 압축성 덕에 영화는 정확한 '시간의 예술'이 될 수도 있었다. 시간을 다루는 방식이 이토록 강력함에도 영화의 양식이 여전히 서사의 양식에 비해 열등한 줄로만 알고 소비하는 것은 그래서 매우 안타까울 수밖에 없다. 캐릭터를 과장하거나 성공한 원작들만 추구하고, 맥락을 상실한 채 큰 사건들에게만 집착하는 제작 방식의 경우에는 특히 더 그렇다.

---

5) 본문에서는 언급하지 않았던 〈다크나이트〉에서는 '선택의 동시성'을 중요하게 다룬다.

게다가 서사의 선형적 전개방식 속에서 우월함과 열등함의 위계로만 모든 이야기를 표현하려 하면 영화의 이런 역량은 소독되듯 모두 제거되고 만다. 그런데 성공한 원작의 사냥터로 변한 듯 무조건적으로 자행되는 요즘 영화 각색이 지닌 이런 '편향성'은 법제화(codification)되어 가는 추세마저 노골적으로 드러내고 있다. 특히 영상 제공 플랫폼의 거대한 자본적 성장세에 휘말리면서 이 편향적 현상은 더 견고해져 간다. 상품으로의 가치만 남고 영화로의 가치는 사라져가는 이 현상은 영화의 욕망이 거세되고 서사의 욕망만이 고착되어 가고 있는 현실을 더욱 심화시킨다. 시간의 본질에 가까워지려는 영화의 욕망은 여태껏 서사의 '미로' 속에서 빠져 나오지 못하고 있었던 우리를 해방시켜줄 수 있는 지도(地圖)의 역할을 해줄 수 있는데도 말이다.

　　요즘 영화의 행태를 보면 절망적이지만 그렇다고 하더라도 시간의 동시성, 압축성이 그 미로 속에서 최종적으로 벗어날 수 있게 해주는 '열쇠'가 될 수 있다는 사실이 부인될 수는 없다. 그렇게 미로에서 벗어나게 되면 마주하게 되는 것이 바로 '현실로서의 시간'일 것이라는 사실 역시 부인될 수는 없다. 정확해지고 싶은 '근사'한 영화적 욕망은 원래 '서사가 우월하다'라는 착각에서 깨어나 현실의 시간을 직시하라고 항상 소리치고 있었던 것이다. 그러나 우리는 여전히 원작의 양식에 편승하길 주저하지 않는 열등한 영화를 소비한다.

　이제 우리는 그 편향성의 기울기를 조절해야 한다. 그래야만 혼돈과 착각을 유발하는 서사의 미로에서 빠져나와 영화의 본성을 바로 볼 수 있다. 영화의 욕망이 제 기능을 되찾기 위해서는 시간의 상대적 가치를 회복시키는 일부터 시작해야한다. 원작과 영화가 가장 '근사'(近思+近似)하게 제 역할을 다하는 길은 '서사양식'의 우월함에 걸려 들 때가 아니라 정확한 시간의 재현을 통해 완성되는 우리 현실의 모습을 직관할 때이다. 서사의 기만적 우월에서 벗어나 진정한 모습을 바라볼 수 있게 해주는 영화는 분명 우리의 문화, 우리의 사회, 우리의 일상을 더 매력적인 콘텐츠로 자리매김할 수 있게 만들어 줄 것이다. 영화를 보는 진정한 즐거움은 '서사'에서 일방적으로 비롯되는 것이 아니라 '영화의 정확해지고 싶은 근사한 욕망'의 성공 여부에서 오기 때문이다.

과거에 사로잡힌 여자들과 미래를 두려워하는 남자들
-한국영화는 지금 무엇을 이야기하고 있는가?

이현경 (영화평론가)

1. 포스트 아포칼립스의 공기

공교롭게도 지난 일 년 동안 본 영화들 중 '생존'과 '생존방식'에 관해 생각하게 만든 〈소리도 없이〉, 〈살아있다〉 두 편 모두 유아인이 출연했다. 그리고 보니 최근 몇 년 동안 해석의 영역을 가장 멀리까지 열어 놓았다고 느낀 〈버닝〉, 〈소리도 없이〉도 유아인 주연 작이다. 유아인의 작품 선택에는 어떤 방향성이 있는 것 같다. 친숙한 방식으로 스토리텔링을 해주는 〈살아있다〉나 좀 어려운 영화 〈버닝〉과 〈소리도 없이〉까지 유아인이 최근 선택한 세 편의 영화는 이 시대의 삶에 대해 보여준다. 삶의 의미, 시대정신 이런 걸 알려주는 게 아니라 본능적으로 살아남을 수 있는 행위와 살아남을 수 없는 행위 사이의 경계를 일깨워준다. 칼 드레이어 감독의 〈분노의 날〉(1943)에는 마녀로 몰려 화형을 당하는 중년 여성의 절규가 나온다. "죽음이 두려운 게 아니라 화형 당하는 게 무섭다." 사실, 나도 죽음 자체를 두려워 해 본 적이 없는 것 같다. 죽음은 그저 '더 이상 현 상태의 모습으로 존재하지 않음' 정도로 이해해왔기 때문이다. 죽음에 대한 두려움은 병마와 싸우며 앙상하게 말라가는 환자의 작아진 체구, 통증에 대한 공포 때문에 진통제를 더 달라고 애원하는 목소리, 결코 쉽게 넘어가지 않는 채 헐떡이는 마지막 숨, 이런 것에 기인한다. 그러니까 결국 죽음에 대한 형이상학적 관념이 아니라 죽음의 유물론적인 표상들이 나를 두렵게 했던 것이다.

〈분노의 날〉에는 가득 쌓인 장작더미에 내던져져 불타는 마녀 옆에서 아이들이 맑고 순수한 목소리로 합창을 하는 장면이 등장한다. 17세기가 배경이므로 현재 시각으로 이해하기 힘든 장면이지만, 지금 우리의 삶이 불타는 장작더미 옆에서 아무 감정도 없이 노래를 불러야 살 수 있는 시대라는 것을 일깨워준다. 아니, '소리도 없이' 화형의 현장을 지키고 견뎌야 '살아있는' 것이 가능한 시대라고 해야 옳은 말이 겠다. 노래를 부르거나 침묵을 지키거나 거기 핵심이 있는 게 아니라 죽음의 현장을 태연히 지키고 있는 것이 중요하다. 함부로 헛간을 태우거나 한 번 선택한 선의의 행동은 우리를 죽음에 이르게 할 수 있다. 소리가 나면 우르르 몰려드는 좀비를 피해 살아남기 위해서는 숨죽인 채 견뎌야 하는 두 젊은 남녀의 생존기 〈살아있다〉 다음 작품이 〈소리도 없이〉라는 게 우연 아니라 필연 같은 착각이 든다. 우리는 불과 일 년 사이에 생존이 절대 가치가 된 채 고립된 삶을 살고 있다. 영화가 시대의 징후를 어떤 매체보다도 빨리 낚아채는 능력 혹은 기능이 있다고 인정한다면, 〈소리도 없이〉는 지금, 여기와 가장 어울리는, 본능적으로 포스트 아포칼립스의 공기를 읽어내버린 영화다.

2. 선의의 대가

〈소리도 없이〉의 창복(유재명)과 태인(유아인)은 살인청부 하청업자 쯤으로 말할 수 있다. 낮에는 트럭에 달걀을 실고 다니며 행상을 하지만 주문이 들어오면 사람을 납치하고 죽일 수 있는 자리를 마련한다. 바닥에 넓게 비닐을 깔고, 적당한 높이로 사람을 매달고, 조폭이 사용할 온갖 연장도 가지런히 준비해 두는 게 둘의 비밀스런 두 번째 직업이다. 두 사람은 손님이 주문한 수육을 썰어 서빙하며 "맛있게 드세요." 라고 친절하게 말하는 직업 정신 투철한 식당 주인 정도의 태도로 두 번째 직무를 수행한다. 곧 죽을 사람에게도 친절하고 시체도 예의를 갖춰 수습해준다. 감정은 개입되어 있지 않은 숙련공의 자세다. 마녀를 고문하고 장작더미에 던지는 교회의 소사가 묵묵히 자기 맡은 바 일을 하듯이 이들도 그냥 자기 일을 한다. 위험은 감정이 개입되고 선택과 판단을 할 때 찾아온다. 인류가 '100세 시대', '우주 시대'라는 슬로건을 툭툭 내뱉으며 오만하게 맞이한 21세기 어느 날 불현 듯 찾아온 코로나 바이러스처럼 감정도 소리 없이 불쑥 내면에 자리 잡게 된다.

창복과 태인은 납치한 아이 초희를 바로 넘기지 못하고 데리고 있어야 할 상황이 되자 당황한다. 외딴 집에 살고 있는 태인이 그나마 초희를 가둬 두기 나은 형편이라 창복은 초희를 태인의 집으로 보낸다. 홍의정 감독은 인터뷰에서 〈별주부전〉이야기를 어려서부터 좋아했고 태인은 거북이, 초희는 토끼인 셈이라고 말한다. 과연 그 말에 어울리게 초희는 영민하고 눈치가 빨라서 어떻게 살아남아야 하는지 빨리 터득한다. 집에 갇혀 짐승처럼 살고 있는 태인의 여동생 문주에게 사람답게 사는 방식을 하나씩 일러주고 고립된 채 살아온 태인과 문주에게 누이이자 엄마 같은 행동을 한다. 유사가족이 구성될 거 같은 따뜻한 기운이 마당에 내리쪼이는 햇볕만큼 집 안팎을 둘러싼다. 초희 부모에게 협박용으로 보낼 사진을 찍기 위해 마당에 모여 폴라로이드 카메라 앞에 앉아 있는 창복, 태인, 초희는 아무 근심도 없는 사람들처럼 보인다. 하지만 이런 느낌은 그들이 그렇게 평화롭게 행복하게 살았으면 하는 관객의 헛된 희망이거나 상상이다. 이들은 불타는 집(火宅) 안에 들어앉아 불길이 곧 자신들을 덮칠 줄 모르고 희희낙락 하는 격이다. 냉정히 말하면, 적어도 태인은 화택에서 탈출할 기회가 있었다.

　　창복, 태인, 초희의 서로 다른 마지막은 의미심장해 보인다. 몸값을 받으러 갔다가 허망하게 죽는 창복은 어찌 보면 희생양 같다. 나쁜 일에 가담한 것은 사실이지만, 직접 사람을 죽인 것도 아니고, 인신매매 조직이나 자식 몸값을 덜 내려고 흥정하는 부모보다 더 나빠 보이지는 않는다. 태인이 초희를 인신매매 조직에서 구출하지 않으면 아마도 그는 그전처럼 단조롭지만 평화로운 일상을 영위할 수도 있었을 것이다. 그것이 첫 번째 태인의 실수이고, 두 번째는 초희를 학교 선생님께 데려다 준 것이다. 아마도 태인은 초희와 일종의 연대감이 생겼다고 믿었던 것 같다. 평생 고립무원에서 살아온 태인에게 가당치도 않은 허락될 수 없는 일이다. 선생님 손을 잡은 초희는 자신을 데려다 준 태인의 존재를 바로 일러바치고 당황한 태인은 달아난다. 슬픈 건지 화가 난 건지 알 수 없는 태인의 표정으로 영화는 끝이 난다.

　　사회의 밑바닥에서 감정 없이 기계적으로 살 때 아무 문제없이 자신들의 삶을 이어오던 창복과 태인은 초희 때문에 삶이 위태로워졌다. 초희는 그들과 다른 계급의 인간이다. 창복과 태인에게 살갑게 굴던 초희의 배신이 깜찍하게 느껴지는 이유는 결국 초희는 자신의 부모와 같은 유형의 인간인 것이다. 초희는 자신이 안전해진 순간 태인과 자신 사이에 놓인 사다리를 바로 걷어차 버렸다. 감독의 의도는 모르겠지만, 이 괴이한 유괴 사건의 전말은 코언 형제의 〈아리조나 유괴사건〉(1987) 만큼 찜찜하다. 유괴가 소재이긴 하나 유괴 자체보다 빈부의 넘을 수 없는 계급 두드러지게 느껴지는 영화들이다.

3. 도망치는 여자, 악과 사투를 벌이는 남자

거의 지난 10년가량 남자 스타 배우들이 대거 출연하는 영화가 대세였다. 오죽하면 '알탕' 영화라는 속어까지 등장했다. 나는 그런 영화들이 그다지 싫지 않았다. 사실 〈불한당〉, 〈아수라〉, 〈범죄도시〉 등의 영화를 좋아한다. 그런 영화들이 주류를 이루다 보니 블록버스터 영화 중에는 여자 배우의 몫이 거의 없다시피 했다. 그런데 지난 일 년 한국영화를 일별하니 상업영화부터 독립영화까지 여자 주인공 영화가 다수였다. 〈윤희에게〉, 〈82년생 김지영〉, 〈도망친 여자〉, 〈프랑스 여자〉, 〈69세〉, 〈찬실이는 복도 많지〉, 〈오케이 마담〉, 〈야구소녀〉, 〈디바〉, 〈콜〉……. 제목만 보아도 여성 이름이 들어가 있거나 아예 '여자'가 명기되어있다. 하나로 수렴하기 어렵지만, 홍상수 영화 제목 '도망친 여자'가 현재 한국영화의 여자를 대표하는 이미지로 느껴진다. 가사와 육아의 굴레에서 자아를 잃어가는 젊은 엄마(〈82년생 김지영〉), 프랑스 남자와 헤어진 채 한국으로 돌아와 과거를 되짚어 가는 여자(〈프랑스 여자〉), 남편과 잠시 떨어져 있는 사이 과거의 남자와 재회하는 유부녀(〈도망친 여자〉), 20년 전 자신과 조우하는 여행을 떠나는 이혼녀 (〈윤희에게〉) 이들은 공통적으로 과거를 소환하고 있다.

여자들이 과거와 대면하는 사이, 한국영화의 남자들은 디스토피아가 되어 버린 미래로 가서 악과 싸우고 있다. 올해 한국영화에서 남성 주인공들이 중심인 영화로는 〈사냥의 시간〉, 〈백두산〉, 〈남산의 부장들〉, 〈다만 악에서 구하소서〉, 〈반도〉 등이 있다. 여성 주인공 영화에 비해 편수도 적었지만 흥행성적도 그다지 좋지 않았다. 10. 26 김재규 총격사건을 다룬 시대극 〈남산의 부장들〉을 제외하면, 남성 인물들은 모두 미지의 공간에서 사투를 벌이고 있다. 황폐한 도시에서 청년들은 인간 사냥꾼과 대결을 벌이고(〈사냥의 시간〉), 폭발 직전의 백두산에 간 북한군 장교는 자신을 희생하여 재난을 막아내고(〈백두산〉), 좀비 세상에서 살아남은 남자는 좀비 무리를 소탕하고(〈반도〉), 이국적인 공간에서 납치된 소녀를 구하려는 남자는 무자비한 살육을 벌이는(〈다만 악에서 구하소서〉) 등 이들은 모두 지금 여기가 아닌 곳에서 악과 사투를 벌인다. 그 악이 킬러든 좀비든 그들은 "다만 악에서 구하소서."라는 주문을 외우고 있다. 그런데 과거로 간 여자들만큼이나 미래로 간 남자들도 현실감이 부족하다. 기시감이 드는 이들의 행동은 현실감을 희석시키고 피로를 불러온다.

4. 뉴노멀과 노멀의 순환회귀

〈옥자〉가 칸영화제에 출품되었던 2017년만 해도 넷플릭스 제작, 배급 영화에 대한 반감과 우려의 목소리가 컸다. 영화사 첫 페이지에 뤼미에르 형제라는 이름을 새긴 프랑스인만큼 전통적인 극장보다 OTT 플랫폼으로 먼저 선보이는 영화를 용인하기 쉽지 않았을 것이다. 그러나 불과 몇 년 사이에 그런 논란이 아주 오래 전 이야기처럼 느껴질 지경이 되었다. 넷플릭스는 세상의 모든 영화를 집어삼킬 기세로 영화 산업의 생태계를 뒤바꾸고 있다. 올해 상반기 기대를 모았던 〈사냥의 시간〉이 좌충우돌 끝에 넷플릭스 개봉을 선택했고, 하반기 화제작 〈승리호〉도 넷플릭스 개봉을 합의했다. 이뿐이 아니고 줄줄이 넷플릭스 개봉이 예정되어 있어 이제는 일일이 거론하는 것도 큰 의미가 없어 보인다.

이 모든 현상이 코로나 때문이라고 단정하기는 어렵다. 코로나가 극장으로 향하는 관객을 발목을 붙들고 그들을 뒤돌아서게 만든 것은 틀림없다. 하지만 영화 관람의 '뉴노멀(new normal)'은 코로나 이전에 이미 시작되었다. 유튜브, 넷플릭스, 왓

챠, 웨이브 등의 OTT(over-the-top) 서비스는 최근 몇 년 동안 급성장하여 영화는 극장에서 보는 것이라는 고정관념은 거의 사라졌다. 실내의 모든 불이 꺼지고 스크린만이 빛나는 마법 같은 순간이 선사하는 희열은 어떤 플랫폼을 통해서도 아직까지는 맛볼 수 없는 게 사실이지만, 영원한 '노멀'은 역사상 존재한 바가 없으니 곧 그에 버금가는 체험을 할 수 있을지 모르겠다. 모든 인간은 죽는다, 아마도 이것만이 유일한 '노멀'일 거 같다. 어쩌면 이것도 머지않아 '올드 노멀'이 될 거 같아 두렵다.

　코로나와 OTT 서비스가 불러온 지각변동에 대해서는 이미 많은 분석이 있었으니 올해 개봉한 영화를 서사 중심으로 되짚어 보았다. 무성에서 유성으로, 흑백에서 컬러로, 필름에서 디지털로, 2D에서 4D로 영화는 125년 동안 계속 변해왔다. 중세 유럽을 휩쓴 페스트나 대기근처럼 코로나도 몇 년 정도 지나면 인류를 궁지로 몰아넣은 재난 중 하나로 기록될 수 있다. 그래도 삶이 지속되듯이 영화도 존재할 것이고, 존재해야 한다. 나는 기이하고 수상한 유괴 이야기 〈소리도 없이〉외의 다른 영화들은 강 건너 불구경 하는 기분이 들 뿐이었다. 물론 잘 만든 재미있는 영화가 없었던 건 아니지만, 지각 판이 흔들리는 이때 익숙하거나 미미한 정도의 진동은 자극이 되지 않았다. 우리는 흔히 힘든 상황이면 초심으로 돌아가자 라는 상투적인 표현을 한다. 영화의 초심은 어디일까? 이야기와 이야기하는 방식 아니겠는가? 지금 한국영화는 무슨 이야기를 하고 있나? 무슨 이야기를 해야 할까? 답을 모르는 질문만이 떠오른다.

KOREAN

FILM

CRITIQUES

Korean Film Critiques

신인의 발견

기이한 무정물의 시선

박우성 (영화평론가)

1.

이 글은 〈남매의 여름밤〉(윤단비, 2020)에 돌출되는 특정 장면의 기이한 공기가 제안하는 어떠한 가능성을 탐사하는 일환으로 작성된다. 뭔가 단단히 실수를 저지른 것인 줄 알았다. 국내 여러 영화제를 통과하며 쌓여온 입소문처럼 첫 장편영화임에도 노련하게 구성된 화면들이 시공간의 선을 차곡차곡 구축하며 기어이 절정에 임박했을 즈음, 나는 그만 내심 응원하던 이 영화가 안타깝게도 신인의 한계를 극복하지 못하고 무너져버리는 것인지도 모른다며 극도로 긴장했다. 윤단비 감독의 〈남매의 여름밤〉은 담백한 이야기를 담고 있다. 이 영화는 이사의 정황, 즉 정든 과거의 텅 빈 집을 아련하게 바라보다 이삿짐을 실은 조그마한 차를 타고 새롭게 살게 될 집을 향해 이동하는 아주 긴 롱테이크로 시작한다. 과거의 터전에서 새로운 터전으로, 과거의 관계에서 새로운 관계로, 과거의 주체에서 새로운 주체로. 그렇게 이동의 흔적을 길게 늘어트린 끝에 도착한 곳이 바로 오래된 이층양옥, 즉 할아버지의 집이다. 이사를 하게 된 상세한 사연은 알지 못하겠으나 여하튼 영화의 주인공 옥주는 그간 딱히 왕래가 없었던 할아버지와 함께 낯선 공간에서 새로운 삶을 기획해야 한다.

사실 우리는 영화의 초반부에서부터 이후 이어질 일련의 사실들을 쉽게 예감한다. 아빠, 옥주, 동주는 달라진 환경에서 어떻게든 적응해나갈 것이다. 무엇보다 주인공 옥주는 새롭게 마주하게 될 여러 관계들 앞에서 성장이라 부를 수 있는 이정표를 감내해 나갈 것이다. 그런데 사위스럽게도 우리는 건강이 좋지 않으신 할아버지가 영화가 끝나기 전에 돌아가실 거라는 사실 역시 직감한다. 이것들이 〈남매의 여름밤〉이 그 첫인상에서부터 솔직담백하게 제안하는 얼개다. 이때 관심을 기울여야 할 것은 이 미시적이면서도 동시에 도저한 이동(이 영화의 영어 제목은 'Moving on'이다)을 구축해나가는 영화의 태도이며, 그 중에서도 할아버지의 죽음을 변곡점 삼아 각인되는 표식을 담아내는 영화의 독특한 시선일 것이다. 그리고 바로 이 핵심 대목에서 마주한 것이 실수를 저지른 듯한 형상화, 스스로가 쌓아올린 정념을 버거워하는 듯한 영화의 이상한 제스처였던 것이다. 할아버지를 떠나보내고 주인을 잃은 집에 돌아온 아빠, 옥주, 동주가 첫 끼니를 해결하는 중이다. 침묵 속에서 밥을 먹던 옥주가 갑자기 이상한 곳을 응시하고는 울음을 터트린다. 이 울음은 기이하다. 아니, 기이한 방식으로 묘사된다. 이때의 이상한 호흡과 시선은 이제 막 데뷔한 감독의 실수인가, 아니면 목적을 달성하려는 영화적 발버둥인가. 나는 이 대목에 대한 해명이 〈남매의 여름밤〉을 이해하는 단초이자 윤단비라는 신인감독의 가능성을 타진하는 유력한 지점이라고 생각한다.

2

할아버지가 돌아가셨다. 이 소식을 듣고 옥주는 동주와 함께 택시를 타고 병원을 향한다. 아빠, 고모, 고모부가 장례 절차를 밟고 있다. 조문객은 그리 많지 않다. 이혼 후 따로 사는 엄마가 장례식장에 과연 올 것인가가 옥주와 동주 남매의 가장 큰 이슈다. 동주는 엄마가 올

것이라 말하고 옥주는 그런 동주를 타박하며 엄마가 올 리 없다고 말한다. 결과는 의외로 허무한데, 동주가 말하길 옥주가 잠시 잠든 사이 엄마가 짧게 조문을 다녀갔다는 것이다. 〈남매의 여름밤〉을 거론할 때 많은 논자들이 이 장례식 장면에 주목했던 것은 허무한 엄마의 방문을 사이에 두고 옥주의 꿈이라 부를 수 있는, 그때까지 지속적인 문법과는 차별적인 영화의 뉘앙스가 불쑥 끼어들기 때문이다. 감독 스스로도 대만 뉴웨이브 영화들로부터 영향을 받았다 고백한 바 있는데, 얼마간의 거리를 둔 채 피사체를 조망하거나 피사체가 사라진 뒤에도 빈 공간을 응시하는 지연된 편집 등, 이 영화에는 대만 뉴웨이브 영화의 흔적들이 역력하다. 그런데 이러한 형상화가 장례식 장면 특정 대목에서 일순간 표정을 바꿔 컷을 잘게 나눈 채 할아버지의 죽음을 계기로 모인 (엄마까지도 포함된) 가족 모두를 정면에서 가까이 순차적으로 찍어나가는 것이다. 말하자면 돌출되는 시점의 이동. 하지만 영화는 당황한 우리의 감상을 그리 오래 방치하지는 않는다. 이것이 명백하게도 옥주의 꿈이었다는 사실을 설명해주려는 듯 곧장 이전의 문법으로 돌아와 잠에서 깨는 옥주의 표정을 보여준다. 바로 그때 동주가 엄마가 다녀갔다고 말해주는 것이다. 이 불쑥 끼어드는 시점 전환이 특이한 게 사실이고 영화의 이면에 실은 기억과 꿈의 특별한 교직이 있다는 지적 역시 유위미하지만, 이 대목에서 나를 부여잡은 것은 그것 이후에 영화가 원래의 호흡으로 돌아왔을 때 이어지는, 특별할 것 없는 이동이다. 이것은 오프닝의 차이로서의 반복이다.

영화의 첫 대목에서 과거의 집을 떠나 새로운 집으로 향하는 여정은 바로 이 대목, 그러니까 장례식이 끝나고 아빠, 옥주, 동주가 집으로 돌아오는 영화의 종반부에서 이전보다는 짧게, 무엇보다도 물구나무가 세워진 채 반복된다. 오프닝에서의 이동이 이삿짐을 가득 채운 이동이었다면 이때의 이동은 세 명의 인물만 있는 텅 빈 이동이며, 출발선에서의 이동이 낯선 이층양옥 건물로의 이동이었다면 종반부에서의 이동은 이제는 익숙해진 집으로의 이동이고, 무엇보다 첫 번째 이동이 할아버지와의 만남이 예정된 이동이었다면 두 번째 이동은 할아버지와의 이별 이후의 이동이다. 시야에 들어오는 반복되는 이미지의 차원이 전혀 다른 이동이 자아내는 기이한 감정의 선. 나는 이것이 영화가 애초에 가닿고자 했던 어떤 시선, 그때까지 감춰져 있었으나 사실상 영화 전체에 상존했던 어떤 기이한 시선이 실체를 드러내기 시작하는 지점이라 생각한다. 차이와 반복으로서의 이동이 끝난 후 남매가 마주하는 것은 당연히 그들이 살던 곳, 즉 할아버지의 집이다. 그러나 이 집은 더 이상 장례식 이전의 일상적 관념 안으로 수렴될 수 없다. 그것은 할아버지의 집이자 주인을 잃은 시공간 이며 그럼에도 옥주의 가족이 계속 살아야 할 장소다. 중요한 것은 이상하게도 여기 서부터 이층양옥이 그 모든 인간적 용도를 벗어나 그 자체로 하나의 주체적 시선을 가진 인격체와 같은 기운을 뿜어내기 시작한다는 사실이다.

　　오프닝 때와 마찬가지로 다른 일 때문에 아빠는 남매를 남겨 놓고 잠시 떠난다. 그런데 옥주 남매는 집에 들어가지 못한다. 이것은 뭔가 이상하다. 이사를 막 왔을 때 옥주에게 이곳은 낯선 공간이었다. 하지만 딱히 망설이지 않고 들어간다. 그런데 이제 이곳은 옥주에게 익숙한 공간이다. 그러나 망설인다. 현관문을 열지 못하는 옥 주에게 육박해 오는 정념은 과연 무엇인가. 물론 주인이 사라진 집에 대한 일종의 공포감 정도로 해석할 수 있을 것이다. 그러나 미리 말하건대 나는 이때의 옥주가 그러한 수사로는 환원되지 않는 기이한 느낌, 말하자면 언어론적으로는 막연하나 존 재론적으로는 확실한 어떤 감정의 결 안에 들어가 있다고 생각한다. 단순히 아빠가 돌아오기를 기다리고 있었던 것이 아니라 지금껏 옥주와 함께 했으나 딱히 의식할 수 없었던, 한 번도 경험해보지 못한 어떤 시선 앞에 벌거벗긴 채 노출되는 중인 것 이다. 아빠가 돌아오고 이제 가족은 할아버지가 없는 할아버지의 집에서 첫 식사를 해결한다. 그리고 바로 그때 내가 연출 실수처럼 보인다고 말했던 바로 그 장면화가 출현한다. 할아버지가 사는 곳으로의 이동, 할아버지의 죽음, 할아버지가 부재하는 곳으로의 이동, 현관문 앞에서의 망설임, 그리고 이어지는 식사에서 옥주를 포착하는 카메라 시선의 정체는 무엇인가. 이것은 무너지는 장면인가, 아니면 어떤 실존을 부여잡기 위한 영화적 발버둥인가.

3

카메라는 얼마간 떨어진 자리에서 밥상을 중심에 두고 밥을 먹는 식구를 포착한다. 밥상 왼쪽에서 아빠가 오른편을 보고 있고, 오른쪽의 동주가 왼쪽을 향하고 있으며, 가운데 옥주가 카메라를 정면에서 마주하고 있다. 한동안 그 모습을 포착하던 카메라는 장면 전환 후 아빠와 동주를 외화면으로 밀어내고는 옥주에게 밀착한다. 이 전환과 접근은 상당히 어색한데 이와 관련된 마땅한 동기가 전무할 뿐만 아니라 무엇보다 전환 이후 옥주의 표정이 이전과 크게 달라진 것이 없기 때문이다. 예고 없이 일상적 편집 감각으로부터 이탈된 옥주를 향한 밀착이 어색하기 짝이 없는 것은 당연하다. 물론 잠시 후 그렇게 다가가야만 했던 이유가 제시되기는 한다. 옥주가 울음을 터트리기 때문이다. 그런데 중요한 것은 밀착과 울음 사이에 낭비되는 쇼트의 시간이다. 대략 10초 정도 지속되는 이 소모적인 호흡의 정체는 무엇인가. 더불어 상황을 보다 기묘하게 만드는 것은 울음을 터트리기 전에 카메라에 노출되는 옥주의 시선이다. 무덤덤하게 밥을 먹던 옥주가 불현 듯 고개를 들어 카메라 쪽을 바라본다. 아니, 카메라와 눈이 마주친 것 같은 착시를 일으키는, 애매하게 비틀어진 시선이라 말하는 게 보다 정확한 표현일 것이다. 그러니까 카메라의 눈과 배우의 눈이 마주치는 듯한 느낌을 자아내면서 동시에 비틀어진 채 어딘가를 향하는 모호하기 짝이 없는 시선의 정체는 무엇인가. 잊지 말아야 할 사실은 이것이 〈남매의 여름밤〉에서 주인공 옥주의 감정이 최고조로 분출되는 장면이라는 사실이다.

물론 옥주가 바라본 것의 실체 역시 머지않아 밝혀진다. 그것은 오래된 전축으로 추억의 노래를 들으며 흥에 겨워하던 할아버지가 앉아 있던 소파, 이제는 텅 빈 자리로서의 소파이다. 우리를 혼란스럽게 만드는 것은 이 대목에서도 역시나 끼어드는, 이러한 상황에서 우리가 으레 상상하는 일반적인 문법을 비트는 영화의 태도다. 방금 전까지 우리는 소파를 바라보는 옥주의 얼굴을 봤다. 그렇다면 이어지는 쇼트는 옥주의 시야에 들어오는 소파여야 한다. 그러나 〈남매의 여름밤〉은 이것을 옥주의 시점 쇼트로 처리하지 않고 있다. 이때의 카메라는 옥주의 눈이 아니라 그로부터 다소간 떨어져 분리된 뒷자리에 놓여 있다. 이 대목의 정서적 주인공은 옥주임에도 카메라는 옥주의 눈과 동일화되는 쉬운 방식 대신 그로부터 이격하여 멀리서 관조하는 시선을 선택한 것이다. 소모적인 지속과 불필요한 호흡을 통해 옥주의 감정에 이격을 새긴 후 결정적인 감정이 분출되는 지점에서 옥주와의 직접적 동일시를 억제하는, 이 어색한 영화의 선택을 어떻게 해석해야 하는가. 분명한 것은 이것이 할아버지의 죽음 이후 옥주에게 찾아온 형언하기 힘든 정념의 연쇄와 관련된 영화적 자의식이라는 사실이다.

4

이런 맥락에서 어쩌면 〈남매의 여름밤〉에서 따져 물어야 하는 대상은 할아버지라는 존재인지도 모른다. 사실상 그의 정체를 말끔하게 정리하는 것은 불가능에 가깝다. 장례식 장면에서 기이한 장면화가 실은 옥주의 꿈이었다는 사실을 지체 없이 설명했던 것처럼, 〈남매의 여름밤〉은 시종일관 친절한 태도를 유지한다. 그런데 유독 할아버지와 관련된 정보만큼은 딱히 제공하지 않으며, 보다 정확하게는 할아버지의 캐릭터를 구성하는 것에 단 하나의 온당한 컷도 할애하지 않는다. 영화에서 할아버지는 우리가 보통 할아버지에게 기대할 법한 일체의 행동을 보여주지 않는다. 간만에 손주들과 마주했음에도 딱히 반가워하거나 반대로 귀찮아하는 표정을 짓지 않으며, 삼대가 맞이하는 첫 식사에서도 말 한마디 보태지 않는다. 옥주 가족이 막 이사를 왔을 때 할아버지의 태도를 보고 나는 그가 아들과 손주에게 깊은 앙금이 있는 것으로 착각했다. 그러나 이것은 말 그대로 오해였을 뿐이다. 물론 오직 한 지점에서 할아버지가 억제된 캐릭터를 드러내는 지점이 있긴 하다. 새벽에 거실로 나와 소파에 앉아 오래된 전축을 틀고 옛날 가요를 듣는 순간이 그것이다. 하지만 이 장면은 느닷없다. 손주들에게조차 인간적인 표정을 보여주지 않던 할아버지가 갑자기 감성적인 노래를 듣고 있다는 설정도 그렇지만 무엇보다 그 모습을 하필이면 우연히 옥주가 마주하게 되는 상황 자체도 인과관계를 벗어나 있는 것이다.

　　이것은 단순히 캐릭터의 비중 문제가 아니다. 유심히 봐야할 것은 시종일관 할아버지의 캐릭터를 고의적으로 소거하는 영화의 독특한 의지이며, 이것으로 부유하는 할아버지와 관련된 기이한 인상이다. 캐릭터가 억제된다는 것은 존재감 상실의 이슈로만 환원되는 게 아니다. 중요한 것은 할아버지가 지워지면서 그가 몸을 맡긴 공간과 할아버지 사이의 구분선, 그러니까 무정물과 유정물의 경계선이 사라진다는 사실이다. 그는 마치 그가 살고 있는 집 자체의 형상, 그가 사용하는 낡은 물건들의 형상, 그가 듣는 흘러간 노래의 형상 자체인 것처럼 그렇게 존재했다고 볼 수 있다. 그의 캐릭터는 단독적으로 과시되는 게 아니라 집과 함께 전시되며 사실상 집 자체인 것이다. 그런 의미에서 그는 이층양옥의 주인이 아니다. 그 역시 그곳의 오래된 수많은 구성물 중 하나일 뿐이며 사실상 비인격체로 거기 그렇게 존재하고 있었다고 해야 한다. 할아버지와 이층양옥은 서로가 서로를 닮아 그렇게 죽음에 임박해 있다(할아버지의 죽음이 임박해 이층양옥은 다른 사람에게 팔린다). 남매가 여름날 이사를 간 집은 유정물과 무정물의 경계가 사라진 과거라는 시공간의 순수 형태이며, 바로 그곳에서 장례식에서 돌아온 옥주가 울음을 터트리는 것이다.

5

　나는 옥주가 울음을 터트리는 지점 앞뒤의 기이한 지속, 호흡, 시선이 다름 아니라 바로 이 순수 과거의 시공간이 스스로의 모습을 옥주를 포함한 우리 앞에 드러내는 순간이라고 생각한다. 이 어색한 장면은 아마추어적 실수라기보다 인격이 있을 리 없는 오래된 집에게 인격을 부여하기 위한 영화적 가상의 발버둥처럼 보인다. 무정물의 풍경이 불현듯 눈을 뜨고 인간을 바라보는 기이한 순간을 형상화하기 위한 윤단비 감독 나름의 고민의 결과인 것이다. 우리가 풍경을 바라보는 것이 아니라 풍경이 우리를 바라보는 순간, 그러니까 우리를 둘러싼 풍경이 우리에게 육박해 오는 순간 말이다. 정말 그럴 때가 있다. 형언하기 힘들지만 우리는 어떠한 풍경 앞에서 주체와 객체의 관계가 역전되어 우리 스스로가 풍경이 되어버리는 기이한 상황을 명징하게 감각할 때가 있다. 풍경의 습격이라 부를 수 있는 이 시공간 안에서 우리는 일순간 국외자가 되어 그전까지 자명했던 자아, 가치관, 습관 모두를 일거에 낯설게 체험한다. 물론 옥주는 당장에 자신이 느끼는 감정이 무엇인지 말로 설명할 수 없을 것이다. 그러니 그저 현관문 앞에서 망설일 수밖에 없고, 불현 듯 고개를 들어 소파를 바라볼 수밖에 없다. 그는 지금 돌아가신 할아버지의 시선이자, 그가 살아온 세월의 흔적의 목소리이자, 그와 함께 한 오래된 집과 그곳을 채운 물건들의 눈빛을 직감하고 그저 울음을 터트릴 수밖에 없는 것이다. 나는 이것이 〈남매의 여름밤〉이 기어이 포착하고자 하는 영화적 순간이라고 생각한다. 죽음을 경계로 한 이전과 이후의 분할, 그 사이에 분출되는 풍경의 시선, 그 결과로서 주어지는 이전과는 전혀 다른 세계로의 진입. 어쩌면 이것이야말로 〈남매의 여름밤〉이 기록하고자 했던 할아버지의 선물이 아닐까. 사라지는 것과 남겨지는 것들의 교차로서 무정물의 시선이 자아내는 특별하면서도 예외적인 애도인 것이다.

　나의 이러한 주장은 〈남매의 여름밤〉애 대한 극찬이 아니다. 어색하게 돌출된 장면화에 대한 의문을 해소하는 과정에서 영화에 대한 비밀이 풀릴지도 모른다는 발상을 끝까지 밀어붙인 하나의 단편적 해석일 뿐이다. 여전히 나는 이것이 단순한 실수인지 영화적 발버둥인지 단정할 수 없다. 더불어 육박하는 풍경의 시선을 들추기 위한 목적이었다면 보다 세련된 영화적 자의식도 충분히 가능했을 것이라 생각한다. 그러나 나는 성공이냐 실패냐의 잣대로 〈남매의 여름밤〉을 판단하고 싶지 않다. 우리의 범박한 영화 감각에 비추어 어색할지라도, 그러니까 기존의 영화문법에 비교해 실수처럼 보일지라도 스스로가 담고자 하는 시선을 어떻게든 담아보려는 시도, 말하자면 신인이기에 가능한 이 영화적 가상을 우선은 응원하고 싶을 따름이다.

KOREAN

FILM

CRITIQUES

Korean Film Critiques

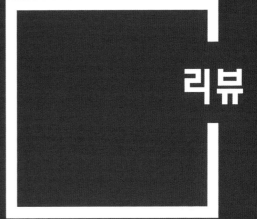

리뷰

국내영화

파편화된 노동의 절벽 앞에서

〈성혜의 나라〉 정병석

황혜진
(영화평론가)

2018년 제작되어 전주 국제 영화제 국내 경쟁 부문에서 대상을 수상했다. 같은 해, 런던 한국 영화제와 샌디에이고 아시안 영화제에 초청되기도 했다. 직전 경력이 연극 연출과 연기였던 감독이 두 번째로 만든 저예산 독립 장편인데, 제도권 영  화제들로부터 융숭한 대접을 받은 셈이다. 올 초에 개봉했으니 제작한 지 2년이 지나서이고 2천 명이 조금 넘는 관객이 들었다. 작품성을 인정받았는데도 불구하고 극장 개봉이 쉽지 않으며, 그나마도 특별한 소수의 관객에게만 독점(?) 당하는 저예산 독립영화의 현실이다.

흑백 화면에 담긴 〈성혜의 나라〉도 춥고 적막하다. 주인공 스물아홉 성혜는 대기업에 인턴으로 입사했었다. 자의식 강하고 고지식한 그녀는 회식자리에서 일어난 성희롱을 문제 삼았다가 반강제로 퇴사한 후 취업 지옥에 떨어졌다. 기업들이 공유하는 블랙리스트라도 있는지 서류전형에서조차 번번이 탈락하고 있는 중이다. 편의점과 신문보급소를 오가는 아르바이트 인생, 유통기한 지난 편의점 김밥과 도시락으로 허기를 때우며 재취업 준비를 하는 성혜에게는 또 하나의 짐이 있다. 병든 아버지와 따뜻하지만 현실 감각이 부족한 어머니. 가끔씩 부모님에게 송금한 후 바닥난 계좌는 두려움 자체이다. 게다가 7년을 사귄 승환은 9급 공무원 시험에 목을 매고 있는, 성혜만큼이나 가난한 집의 착해빠진 장남이다.

익숙한 이야기이다. 자본주의 헬조선이 가난한 청년을 만들고 가난 때문에 꿈도 사랑도 잃은 그들이 오늘 밤에도 어딘가 반지하에서 불행한 잠자리에 든다는. 감독 역시 이런 문제의식에서 〈성혜의 나라〉를 기획했으며 청년들에게 관심과 애정이 필요하다는 말을 했다. 맞는 말이다. 실제로 청년의 가난과 좌절은 문화산업 전반에서 두루 소비되고 있는 담론이기도 하다. 그런데 한결같은 톤으로 문제의식을 쏟아내는 미디어의 태도에는 비겁하거나 환멸을 느끼게 하는 지점이 있다. 자신들은 공정하고 관용적이므로 이 사태에 대해 책임이 없다는.

이 영화는 최소한 성혜를 구경거리로 만들지 않는다. 드라마틱한 초점화를 피한 연출이 갖는 미덕이다. 카메라는 성실하게 그녀의 일상을 스케치하되 가끔 불안하게 흔들리는 눈동자를 응시하는 정도로만 개입한다. 그럼에도 불구하고 상당히 정적인 이 영화에 유일하게 리듬감을 주는 자전거 이동 장면에는 섬세한 설계가 숨겨져 있다. 영화 내내 그녀의 움직임이 시선의 관습을 거스르는 오른쪽에서 왼쪽으로 구축되다가 마지막 장면에 이르러서야 방향을 바꾼 것이다. 세상에 부대끼며 반대 방향으로 달리느라 지친 자전거 타기와 비로소 노동과 돈으로부터 해방된 자전거 타기는 프레임 속 움직임을 재현하는 관습을 사용해 서로 다른 의미 부여를 하는 데 성공한다. 그렇다면 성혜를 노동과 돈으로부터 해방시켜 준 것은 무엇일까? 참으로 아이러니하게도 그것은 부모의 죽음이 가져다준 음주운전 사고의 합의금이다.

　　내면이 바스라져 불안장애가 생긴 성혜는 부모의 죽음에 꾸역꾸역 울음을 쏟아내기도 하지만 길고 눅눅한 슬픔을 오래 붙들어둘 기력이 없다. 아마 슬픔이 길어졌다면 친구처럼 자살을 했을지도 모른다. 다행스럽게도 합의금 5억과 편의점 퇴직금이 허락한 자유가 그녀의 얼굴에 빛을 불어 넣는다. 영화가 시작된 이후 처음으로 화장품숍과 카페가 등장하고 그녀의 목소리가 가볍게 영화 속 공간에 울려 퍼진다. 이렇게 성혜가 부모의 죽음값 '5억으로 무엇을 할까'가 후반부 플롯의 긴장을 생산한다. 흥미롭게도 성혜의 선택은 아무 일도 하지 않고 40년 동안 5억을 분할하여 균등하게 받아 놀면서 사는 것이다. 자아의 실현과 무관했던 노동과의 작별!

　　마지막 시퀀스는 산동네의 아담한 집에서 동네 펫숍 진열장을 바라보며 정을 주었던 강아지와 함께 휴식하는 장면이다. 울타리 너머로 보이는 산동네 마을의 사람들은 아마도 모두 일터로 나갔으리라. 화면 가득 퍼져 나오는 절대 휴식의 평온함은 겨울빛을 잘 살린 촬영으로 극대화되고 새로 산 자전거를 타고 이제까지와는 반대 방향으로 페달을 밟는 성혜의 얼굴에는 웃음이 가득하다. 이 결말은 가해자가 부자이기 때문에 고액의 합의금을 줄 수 있었다는 점에서 씁쓸하게 읽힐 수도 있다. 자본사회에서 주변부를 구성하고 있는 자들의 선택이 지극히 수동적이라는 사실을 보여줌으로써 진보적 사고에 역행한다는 비판을 받기도 할 것 같다. 그런데 영화의 스토리텔링이 상당히 꼼꼼하게 성혜의 노동을 재현한 까닭일까? 이런저런 복잡한 생각 중에도 그저 그녀가 쉬는 모습은 관객을 안심시키고 나아가 위로를 준다.

　　〈성혜의 나라〉는 여성의 노동을 한 사람을 골똘히 들여다보는 방식으로 다룬 흔치 않은 영화이다. 노동에 대한 성찰이나 노동자 간의 연대 같은 정치적 각성은 관심 밖인 듯하다. 그러나 가장 개인적인 것이 가장 정치적인 것일 수 있듯이 이 영화는 과연 인간답게 살기 위해서는 무엇이 필요한가에 대한 가장 진솔한 답을 보여준다. 그것은 바로 최소한의 '돈', 인간적인 존엄함을 유지하며 먹고 사는 일이다. 여기에서 출발하는 것이 바로 정치라고 할 때, 이 조용한 영화 〈성혜의 나라〉는 매우 정치적인 텍스트로 읽힌다.

비겁하거나, 도망치거나, 견딜 수밖에 없었던 수많은 윤희들에게

〈윤희에게〉 임대형

이수향
(영화평론가)

〈윤희에게〉는 실패한 사랑의 후일담이자, 서로의 깊은 속내를 알아가는 모녀의 이야기이며, 동성애의 코드를 배면에 위치시킨 퀴어물이면서, 가부장제의 규율 속에 포박된 채 살았던 하위 주체로서의 여성을 다룬 이야기이다. 구성상 여로형으로도 볼 수 있는데 여행을 가는 기차에서 시작된 첫 장면이 먼저 제시된 후, 다시 원래의 자리로 되돌아오면서 마무리되는 구조로 짜여 있다. 또한 자신의 진짜 욕망을 거세당한 채 살았던 한 중년 여성이 자신을 속박하는 족쇄들을 벗어내고 새로운 삶을 선택하는 일종의 성장 서사이기도 하다.

줄거리는 다음과 같다. 일본 오타루에 사는 마사코는 조카인 쥰(나카무라 유코)이 쓴 편지를 한국의 예산에 사는 윤희(김희애)에게 보낸다. 새봄(김소혜)은 엄마 윤희 앞으로 온 편지를 먼저 확인하고 엄마의 옛 친구의 존재를 알게 된다. 윤희는 경찰관인 남편과 이혼하고 공장 식당의 배식 도우미로 일하며 무기력한 삶을 살고 있다. 새봄은 엄마에게 오타루 여행을 권유하고, 그곳에서 엄마와 쥰의 만남을 주선해 두 사람은 오랜만에 해후하게 된다. 시간이 지나 새봄의 고교 졸업식이 끝나고 윤희와 새봄은 서울로 이사를 하고 윤희는 새로운 삶을 꿈꾼다.

이 영화에서는 '편지'가 구조와 내용의 양 측면에서 매우 중요하게 등장한다. 제목 자체가 편지의 서두를 가져온 것이며, 구성상 쥰의 편지로 시작되어 윤희의 답장으로 끝이 나는 형태로 되어 있다. 영화 속에서 편지는 총 세 명의 목소리로 읽힌다. 쥰의 편지를 새봄이 한국어 나레이션으로 읽고, 다시 쥰의 일본어 나레이션으로 반복하며, 윤희의 답장을 윤희의 목소리로 읽으면서 작품이 마무리 된다. 내용적으로 '편지'의 의미는 더욱 중요한데, 이는 자신의 연애나 출신지에 대해 궁금해 하는 사람들에게 방어적인 태도로 대응하며 살아가던 쥰의 진심이 '편지'라는 간접적 매개체를 통해 겨우 말해지고 있기 때문이다. 쥰에게 윤희에 대한 사랑은 당시에도 지금도 현실적인 제약에 부딪히기 때문에 공개적으로 발화할 수 없고 숨겨야하는 것으로, 꾹꾹 눌러쓴 글들로만 겨우 털어놓을 수 있을 뿐 매번 부쳐질 수 없었던 것이었다. 극 초반에는 이 과묵한 두 주인공의 과거가 명시적으로 드러나지 않으며 주변 인물들의 산발적인 서술로만 여러 겹으로 감춰지도록 섬세하게 구성되어 있어 둘의 관계를 짐작하기 어렵다. 그러나 20여 년이 지난 윤희와 쥰의 삶이 여전히 그 이별에서 놓여나고 있지 못하다는 점이 이들의 사랑을 한 때의 치기어린 장난으로 쉽게 치부할 수

없게 한다. 그런 의미에서 이 영화는 이루지 못한 사랑에 대한 회한과 그 잔여 감정을 그려내고 있는 영화라 할 수 있다. 그 곡진한 사정을 감정적 동요와 과도한 제스처를 삼간 채 담담하게 그려내었다는 점이 이 영화가 가진 큰 미덕이다.

　　윤희는 활기 없는 표정으로 일상적인 노동과 삶의 피로에 침잠해 있는데 전남편의 표현에 따르면 '사람을 외롭게 하는 사람'이다. 물리적으로도 시간적으로도 멀리 떨어진 이 두 사람을 연결해주는 것은 이들의 잃어버린 시간을 되찾아주기 위해 편지를 과감히 우체통에 넣은 마사코 고모와 일본 여행을 감행하는 새봄일 것이다. 그러나 사실은 끝나버린 후에도 오랫동안 봉인된 채 시간의 중력을 견디던 두 사람의 마음의 행로가 제 길을 찾아간 것이라고 보는 편이 더 정확할 것이다. 이들이 뒤늦게 털어놓은 고백처럼, 그때의 자신들이 '비겁했'다거나 '도망쳤'더라도, 그리고 이'여분의 삶이 벌'이라고 생각하며 고통을 당연한 듯 감내해 왔더라도 준이 편지에 썼듯 "뭐든 더 이상 참을 수 없어질 때"가 있는 법이기 때문이다.

　　그리고 그 이면에는 사진을 좋아하는 딸 대신 아들만 대학의 사진학과에 보낸 부친, 가부장적 시혜와 적당히 버무린 멸시로 여동생의 삶을 좌지우지 하려는 오빠, 이혼한 부인에게 술을 마시고 예고 없이 집에 찾아오는 행위의 폭력성을 인지하지 못하는 전남편으로 상징되는 남성 중심 사회의 연대기를 온몸으로 겪어낸 한 중년 여성의 고단한 삶이 놓여있다.

　　영화의 마지막은 여행을 끝낸 두 모녀가 친밀하고 편안한 고향을 떠나 새로운 삶을 위한 용기 있는 결단을 시작하는 장면에 할애된다. 얼마 되지 않는 살림을 작은 트럭에 싣고 올라온 윤희는 카페에 앉아 이력서를 쓰고 처음 가보는 골목을 헤매며 일자리를 위해 찾은 작은 가게 앞에서 떨리는 호흡을 가다듬는다. 지방 출신의, 이혼 경력을 가진, 나이든, 고졸 학력의, 퀴어 정체성을 지닌, 무엇보다 '여성'인 윤희에게 서울에서의 삶이 이전보다 편안하리라고는 기

대하기 어렵다. 다만, 윤희가 "새봄이 더 배울 게 없을 때까지, 스스로 그만 배우겠다고 할 때까지 배우게 할 작정"이라고 다짐한다는 점에서 윗세대 여성의 고통이 아랫세대에게 동일한 방식으로 흐르지 않도록 하겠다는 의지가 드러난다는 부분에 주목해야할 것이다. 또한 '아름다운 것'만을 담으려는 새봄의 뷰파인더에 이 영화에서 처음으로 윤희가 미소 짓는 모습이 포착되면서 영화가 끝나고 있다는 점 그리고 암전 이후에 남은 내레이션에서 윤희가 자신의 내면을 뚜렷하게 응시하기 시작했다는 점을 기억해 봐도 좋을 것이다. 언제 그칠지 모르는 눈처럼 삶의 기약 없는 퍼부음을 속절없이 느끼고 그 부대낌을 지나다보면 어느새 새로운 봄이 문득 찾아오게 된다는 것. 그 자명한 진리를 통해 이 영화는 그 삶을 견디어낸 수많은 윤희들에게 따뜻한 위로를 건네고 있다고 볼 수 있다.

새로운 스릴러, 색다른 이전투구

〈지푸라기라도 잡고 싶은 짐승들〉 김용훈

배장수
(영화평론가/부천국제판타스틱영화제 부집행위원장)

〈지푸라기라도 잡고 싶은 짐승들〉. 신예 김용훈 감독은 강렬한 느낌을 받았다고 했다. 소네 케이스케의 소설 제목을 보고. 그리고 각본·감독 장편 데뷔작을 내놨다.

필자도 다르지 않다. 선연했다. 제목이. 〈지푸라기라도 잡고 싶은 짐승들〉. 기진맥진. 유혈 낭자한 무리들의 붉으락푸르락… 눈에 보이듯 생생했다. 먹잇감을 놓고 벌이는 늑대들의 진흙탕 처절함. 돈을 둘러싼 사람들의 벼랑 끝 처연함. 전도연·정우성·배성우·정만식·박지환·진경·윤여정·신현빈·정가람·배진웅·허동원. 자못 궁금했다. 개봉 다다음날 극장을 찾았다. 관객은 모두 세 명. 200여 객석에 딸랑 세 명. 제목부터 매잡이인 〈지푸라기라도 잡고 싶은 짐승들〉과 스릴러 마니아 관객들이, 전도연·정우성 등의 '찐팬'들이 코로나19에 완전히 밀리는 현실이 씁쓸했다.

〈지푸라기라도 잡고 싶은 짐승들〉(이하 지푸들). 이 작품은 항구도시 특유의 실내외를 배경으로 절체절명의 상황에 빠진 여러 인물의 돈 가방 가로채기를 그렸다. 범죄 스릴러다. 제각각의 일상과 사건·사고 현장으로 관객을 끌어들이고, 스릴과 서스펜스를 자아낸다. 그리고 묻는다. 그들만의 토너먼트인지?

새롭다. 색다르다. 캐릭터의 설정과 구성이 돋보인다. 각 캐릭터의 신분 등이 여느 스릴러의 전형적인 그들이 아니다. 직업과 나이 등이 제각각인 인물들은 생계, 보증이나 주식투자, 가게 인계·인수 등으로 인해 막다른 궁지에 몰려 있다. 어떻게든 돈을 벌어야 하고, 빚을 갚아야 하고 받아내야 한다. 채무·채권 관계 등으로 뒤얽힌, 사정이 각기 다른 이들은 우연히, 우연찮게, 적극적으로, 각기 다른 경로로 돈 싸움에 휘말리거나 뛰어든다.

인면수심범(人面獸心犯)들의 아귀다툼은 아니다. 술집사장 '연희'(전도연), 고리대금업자 '두만'(정만식) 등은 짐승쪽이다. 공무원 '태영'(정우성), 사우나 비정규직 '중만'(배성우) 등은 그들과 거리감이 있다. 연희와 태영 등의 최후는 상반된다. 하지만 어떻게 살았든 인생은 공수래공수거, 허망하기는 마찬가지다. 이런 가운데 연희 등은 인과응보를, 태영 등은 행운과 불운이 한 끝 차이임을 절감케 한다.

내러티브 형식도 남다르다. 큰돈이 형성되는 동기와 과정, 거금을 놓고 벌어지는 이전투구를 다룬 장르 공식이 전통적인 서사구조가 아니다. 장르영화의 관습을 따르면서 그것을 해체하고 비틀면서 변화와 진화를 꾀했다.

돈가방의 행로를 빅 클로즈업(Big Close Up)한 영상으로 시작하고, 이와 유사한 장면으로 끝나는 수미쌍관법 구조 속에 돈가방 쟁탈전의 전말을 담았다. 이 과정의 시점이 일련의 영화들과 다르다. 현재에서 과거로, 그리고 과거에서 현재진행형으로 이어지는 형식을 취했다. 총 6장(빚·호구·먹이사슬·상어·럭키 스트라이커·돈가방)으로 구성, 소제목을 내건 다음 그것의 무게를 '누가' '왜' '그래서'에 두었다. 돈가방의 주인이 바뀌고 바뀌는, 엎치락뒤치락 반전이 잇따르지만 그런 일련의 사건보다는 사고를 치고 당하는 각각의 인물이 더 보이도록 했다.

돈 가방이 숨겨지는 장면에 겹치는 뉴스(고수익을 미끼로 10억여 원을 가로챈 40대 검거) 등은 일종의 맥거핀(MacGuffin)에 해당한다. 영화를 여는(사건이 태동하는) 사우나의 이름은 '유토피아'다. 이어지는 현장은 디스토피아다. 저마다 읊조리는 "이 돈 내거야"는 머잖아 그렇지 않을 것임을 암시한다. '순자'(윤여정)의 다독거림(두 팔 두 다리만 멀쩡하면 얼마든지 살 수 있어)은 저 자신의 다짐이자 아들(배성우)과 며느리(진경), 나아가 관객 모두에게 전하고 싶은 진심어린 호소다.

원작을 단번에 완독했다는 김 감독은 기존의 범죄물과 다른, 독특한 구조와 이야기에 끌렸다고 했다. 필자는 이 대목에서 원작이 궁금했다. 하지만 원작과 영화를 대조하지 않았다. 원작은 원작, 영화는 영화니까. 어쨌든 경쟁자를 하나둘 줄여가는 과정을 거쳐 다다르는 결말, 착한 사람이 어부지리로 돈가방을 차지하는, 스릴러 장르 대개의 정형을 따른 대목은 재고의 여지가 없지 않다. 발 빠른 감상을 돕지만 다른 한편으로는 선입관 없는 기대와 긴장을 축소시키기도 하는 여섯 소제목도 마찬가지다.

속담에 '돈이라면 대통 그림자도 따라간다'고 했다. '돈이라면 호랑이 눈썹이라도 빼 온다'고 했고. '돈 나는 모퉁이 죽는 모퉁이'이라고 했고 '돈이면 지옥문도 연다'고도 했다. 프리퀄(prequel)을 기대해 본다.

정음 창제를 둘러싼 또 다른 진실게임

〈천문: 하늘에 묻는다〉 허진호

김시무
(영화평론가/국제영화비평가연맹 한국본부 회장)

허진호 감독의 〈천문: 하늘에 묻는다〉(Forbidden Dream, 2019)는 세종과 장영실의 관계를 축으로 하여 두 사람이 후대에 남긴 업적의 의미를 되새겨보는 역사영화다. 하지만 이 영화는 서두에서 "역사적 사실에서 영감을 얻었다."고 밝히고 있다시피, 정사(正史)에 입각한 정통 사극이 아니라 오히려 꿈의 역사에 더 가깝다. 영화는 "세종실록 1442년 3월 16일 대호군 장영실이 안여 만드는 것을 감독했으나 튼튼하지 못해 부러지고 허물어졌으므로 의금부에 의해 국문을 받았다."는 자막으로 시작한다.

　　우리는 천출인 장영실이 타고난 과학적 재능을 인정받아 세종에게 발탁되어 물시계인 자격루(自擊漏), 천체의 운행과 현상을 관측하는 기계인 간의(簡儀) 등을 만들었다는 역사적 사실은 알고 있지만, 그 과정에 대해서는 아는 게 별로 없다. 게다가 그의 생애에 대해서도 알려진 게 전혀 없다. 영화는 세종실록에 나오는 간단한 기록에 근거하여 상상력의 나래를 마음껏 펼쳐나간다. 1390년경 탄생한 것으로 추정되는 장영실(蔣英實)은 동래현의 관노(官奴) 출신인데, 태종 때부터 궁중 기술자로 일을 했다. 그러다가 세종 3년인 1421년 명나라로 유학을 가서 각종 천측 기구에 대해 공부하고 돌아온 후 세종의 총애를 받기 시작했다고 한다.

　　세종(한석규)이 장영실(최민식)을 알게 된 것은 그가 왕이 된 후 4년만이다. 진눈개비가 오는 어느 날 세종이 주문한 외국의 자료들이 물에 젖어 못쓰게 되자, 마침 손재주가 좋던 장영실이 그것을 복원하면서부터 두 사람의 20년 우정이 시작된다는 설정이다. 장영실이 복원한 그림은 코끼리 등에 있는 물시계였는데, 세종이 그 도면대로 만들어보라고 주문하여 탄생한 것이 바로 자격루였다. 사실 자격루는 세종 16년인 1434년에 제작되었는데, 시(時), 경(更), 점(點)에 맞춰 종, 북, 징을 쳐서 시각을 알리는 장치였다. 세종은 이 자격루로 인해 이제 해가 없는 밤에도 시간을 알 수 있게 됐다면서 기뻐한다.

　　세종실록에 따르면, "영실의 사람됨이 비단 공교한 솜씨만 있는 것이 아니라 성질이 똑똑하기가 보통보다 뛰어나서 매일 강무(講武)를 할 때에는 나의 곁에 두고 내시를 대신해 명령을 전하기도 했다. 그가 비록 나의 가르침을 받아서 자격루(自擊漏)를 만들었지만, 만약 이 사람이 아니었다면 결코 만들어내지 못했을 것이다."라고 칭찬했다. 그리고 장영실에게 면천을 해줌과 동시에 정5품직을 하사한다. 하지만 조정은 이에 크게 반발한다. 영의정 황희(신구)를 비롯한 대신들은 노비의 천한 재주로 인해 장차 크게 화를 부를 것이라면서 면천

을 보류할 것을 청한다. 천품(賤品)은 천품일 뿐이라는 것이 대신들의 논리였다. 하지만 이에 세종은 "백성들의 천품을 교화할 수 없다면 정치는 왜 하는 것이냐?"며 반박한다.

　어쨌든 장영실은 세종의 전폭적인 비호아래 대호군으로 불리면서 간의(簡儀) 제작에 몰두한다. 마침내 간의가 완성되고, 실험 결과 한양이 명의 남경(南京)보다 8시진(時辰)이나 빠르다는 것을 확인한다. 이에 세종은 그간 조선 실정에 맞지 않는 명력에 의존하던 관행에서 탈피할 수 있게 되었다면서 장영실을 칭찬한다. 평소 천문(天文)에 관심이 많았던 세종이 장영실로 인하여 자신의 꿈을 펼칠 수 있게 된 것이다.

　이에 대신들은 명나라가 이 사실을 알게 되면 경을 칠까 두려워하여, 당시 대사헌으로 있던 정남손(김태우)은 명에 고자질을 하기에 이른다. 명의 사신이 급파되고, 명은 황제의 칙서를 통해서 간의(簡儀)를 파괴하고, 제작자인 장영실을 압송하라는 지시를 내린다. 세종은 울분을 삼키면서 간의를 불태우는데, 한편 정남손은 세종의 명도 받지 않은 상태에서 장영실을 체포하여 명의 사신에게 넘겨주는 월권을 행사한다. 참담한 심정이 된 세종은 만사가 지겨운 듯 온천으로 행궁을 할 것을 명하고, 비가 추적추적 내리는 날 도성을 나선다. 그러

던 중 안여의 바퀴가 빠지면서 전복되는 사건이 발생한다. 왕이 탄 가마가 뒤집
어 졌으니 이는 누가 봐도 역모임이 분명했다.

　겨우 살아난 세종은 호위장군인 이천(김홍파)에게 명하여 당시 은퇴하여
칩거하고 있던 조말생(허준호)을 다시 불러들여 사건의 진상조사를 맡긴다. 조
말생은 황희를 제치고, 정국의 주도권을 쥐면서 안여 관련자들을 체포하라고
명한다. 한편 명의 사신에 의해 명으로 압송되던 장영실은 영문도 모른 채 의금
부로 다시 잡혀오게 된다. 환궁을 한 세종은 분기탱천하여 명의 사신에게 뇌물
을 전달한 정남손 등 관련자들을 처벌하겠다고 으름장을 놓는다.

　한편 황희는 장영실을 취조하면서 뜻밖의 사실을 발견하게 되는데, 그것
은 다름 아닌 세종이 조정 대신들 모르게 글자를 만들고 있다는 물증이었다. 황
희는 독자적인 글자를 만드는 것은 간의(簡儀)와는 차원이 다른 문제라면서 세
종을 압박한다. 글을 안다는 것은 사대부들의 권력인데, 그것을 백성들과 공유
할 수 없다는 논리를 편 것이다. 그러면서 장영실의 목숨을 구명해 줄 터이니,
글자를 포기하라고 제안한다. 고심이 깊어진 세종은 장영실을 은밀하게 만나
안여에 손을 댄 장본인이 자신이었음을 고백한다. 명나라에 굽실거리는 대신들
에게 경종을 울리기 위한 고육지책(苦肉之策)이었던 것이다.

　세종은 장영실에 대해서 "조선의 하늘을 열고, 조선의 시간을 만든 사람"
이라고 극찬한다. 영실은 "전하 곁에만 있을 수 있다면 죽어도 여한이 없다."고
말한다. 영화의 결말부에서 영실은 세종이 진정 추구했던 것은 만백성이 모두
공유할 수 있는 글자를 만드는 것이었음을 깨닫고, 기꺼이 희생을 감수한다. 세
종의 깊은 뜻을 간파한 장영실은 결국 그 모든 책임을 스스로 걸머쥐고, 태형을
달게 받는다. 그리하여 세종은 황희를 비롯한 대신들의 반발을 무마하면서 정
음을 무사히 창제할 수 있었다고 영화는 결말을 맺는다. 장영실은 80도 형벌을
받은 이후 행방이 묘연해졌고, 2년 후 천문 역서 칠정산(七政算)이 편찬되었
다. 그리고 2년 후인 1446년 훈민정음(訓民正音)이 반포되었다.

　이 영화는 안여 사건을 모티브로 삼아서 세종과 장영실의 사적인 관계를
표면에 내세우고 있지만, 그 이면에는 간의(簡儀) 및 정음의 창제를 둘러싸고
벌어진 왕권과 신권의 대립을 다루고 있다. 여기서 간의의 폐기는 사대주의를
나타내고, 정음의 반대는 기득권 옹호를 의미하는데, 실제로 최만리를 비롯한
숱한 대신들이 정음 창제에 반대했던 것이다.

이 영화는 천문(天文)을 소재로 다루는 영화답게 밤하늘을 수놓은 별자리에 대한 매우 인상적인 장면들이 많은데, 비가 오는 날 밤 세종이 별을 보고 싶다고 하자, 영실이 창호지를 점점이 뚫고 그 뒤에서 호롱불을 밝혀 별자리를 만드는 장면은 감동적이기까지 하다. 영화의 제목도 매우 의미심장하다. 천문(天問)은 글자 그대로 "하늘에 묻는다."는 뜻의 조어다. 우리가 보통 쓰는 천문(天文)은 천체에서 일어나는 온갖 현상을 말한다. 또한 천문(天門)은 대궐문의 경칭이기도 한데, 천출인 장영실이 입궐하여 세종의 금지된 꿈(Forbidden Dream)을 실현시켜준다는 의미이기도 한 것이다.

지난 1998년 〈8월의 크리스마스〉라는 멜로드라마로 데뷔한 허진호 감독은 2001년 〈봄날은 간다〉와 2007년 〈행복〉을 잇달아 성공시키면서 멜로드라마의 거장으로 급부상했다. 외국 소설을 각색한 영화 〈위험한 관계〉(Dangerous Liaisons, 2012)를 연출하기도 했던 허진호는 2016년 본격 사극영화 〈덕혜옹주〉에 도전함으로써 이 분야에도 일가견이 있음을 입증했다. 그리고 그 정점에 선 영화가 바로 〈천문: 하늘에 묻는다〉이라고 본다. 대단히 잘 만든 영화다. 장영실에 대한 재해석도 신선했다. 손익분기점에 못 미치는 관객동원은 아쉬운 부분이다. 각본은 정범식, 이지민이 썼고, 촬영은 이모개가 맡았다.

언캐니를 다루는 유쾌하고도
산뜻한 방법

〈찬실이는 복도 많지〉 김초희

윤필립
(영화평론가/세종사이버대학교 한국어학과 초빙교수)

누구나 생의 여정 가운데 한 번쯤은 길을 잃고 헤맬 때가 있다. 역설적이게도 그렇게 방황하는 순간에야 비로소 우리는 나의 삶을 돌아보며 인생의 의미를 성찰하게 되곤 한다. 이러한 성찰이 바로 마음이 풍요로울 때는 몰랐으나 모든 것을 내려놓을 때 마침내 얻게 되는 것들 중 하나이다. 영화 〈찬실이는 복도 많지〉는 바로 그러한 것들 즉, 눈에 보이거나 손에 잡히지는 않아도 우리가 인생에서 잊거나 잃지 않고 살아가야 할 소중한 가치들에 대한 이야기이다.

이 영화가 그 가치를 전달하는 방식은 익숙한 것에서 느끼는 낯섦 혹은 불편함으로부터 시작하는데, 그것의 기제는 다름 아닌 '찬실' 즉, 나 자신이다. 이렇게 친숙한 것들이 때로는 낯설고도 두려워 불편하게 느껴지는 언캐니(uncanny)의 순간들을 영화에서는 공포 스릴러 장르에서 관습적으로 소비해 왔다. 그래서 그것은 마치 현실과 동떨어진 채 은막 너머에만 존재하는 환상처럼 느껴지기도 하는 것이다. 하지만 우리 삶을 돌아보면 이 언캐니의 순간들이 두렵고 낯설기는 하나 그렇다고 단순히 공포로 무장한 그 무엇으로만 다가오지는 않는다. 다시 말해 한 치 앞도 내다볼 수 없기에 하루하루가 새롭고, 그래서 매 순간이 마치 출구 없는 미로 속에 갇힌 듯한 현대인의 삶을 떠올린다면, 언캐니는 공포 영화 속에 환상처럼만 존재하는 것이 아니라 지금 당장 내게 일어나고 있는 현실일 수도 있는 것이다. 그렇기에 언캐니란 장르 속에 갇힌 채 손에 잘 잡히지도 않는 심리학적 개념이 아니라 눈을 뜨면 맞닥뜨릴 수밖에 없는 현실 세계 혹은 나 자신 그 자체일지도 모를 일이다.

이러한 관점에서 김초희 감독의 〈찬실이는 복도 많지〉(2020)는 한 여자의 언캐니 경험담을 유쾌하고 산뜻하게 보여준다. 영화 속에서 '찬실'은 좋아서 선택했고, 그 덕분에 행복했으며, 그래서 삶을 지탱해 주던 일 때문에 잠시 길을 잃는다. 모든 것을 상실하고 나서 익숙했던 공간뿐만 아니라 나 자신마저도 낯설게 느껴지는 그 두려움의 순간을 경험해 본 사람이라면 누구나 알 법한 방황이다. 그렇게 눈 앞에 펼쳐진 익숙하고도 낯선 두려움의 현실 속에서 '찬실'은 길을 잃고 방황하지만 역설적이게도 다른 누구도 아닌 나 자신 즉, '찬실' 스스로를 되찾고 나서야 다시 스스로가 가고 있던 본래의 길로 복귀하게 된다.

좀 더 구체적으로는, '찬실'은 이 영화의 주제가 가사처럼 "돈도 집도 없고, 남자도 새끼도 없으며, 사랑도 청춘도 다 가 버린" 40대 싱글 여성이며, 이러한 한국 사회의 통념은 강박을 유도하고 결과적으로 그것은 한 개인에게 언캐니를 유발한다. 하지만 이러한 강요된 이미지를 걷어내고 난 뒤 '찬실'이 마주한 자신의 모습은 여전히 하고 싶은 것도 많고, 되고 싶은 것도 많으며 주변에 좋은 사람들까지도 넉넉히

있는 복이 많은 한 사람이다. 이렇게 '찬실'은 현실 속에 펼쳐진 언캐니의 상황에 적극적으로 직면하고 그것을 극복하면서 영화 속 대사처럼 '이제 할 것 많은' 삶으로 씩씩하게 다시 걸어 나간다. 그리고 그 순간 '40대 싱글 여성'이라는 '찬실'을 둘러싼 강요된 이미지는 더이상 불필요해진다.

이 작품이 특별한 이유는 바로 이 지점에서 시작된다. 즉, 〈찬실이는 복도 많지〉는 40대 싱글 여성의 삶을 전면에 내세운 여성 감독의 자전적 이야기라는 점에서 특별할 수도 있겠다. 하지만 그보다는 단지 영화적으로만 존재할 법했던 언캐니의 순간을 일상 속에서 포착했기에 신선하면서도 더 공감이 가고, 여성 서사를 습한 기운 하나 없이 씩씩하게 풀어냈기에 산뜻하며, 그 결과 40대 싱글 여성에 대한 이야기임에도 젠더의 경계를 허문 채 모두가 공감 가능한 캐릭터가 탄생했기에 반가운 것이다.

이 영화의 캐릭터를 언급하면서 '찬실'로 분한 강말금의 연기를 빼놓을 수 없겠다. 실직 후 길을 잃고 헤매다 다시 본래의 길을 찾아가는 '찬실'의 일장춘몽과 같은 언캐니의 순간들 안에서 습한 사랑의 굴레와 눅눅한 가족애에서 탈출한 '찬실'에 대한 동일시는 젠더 중립적으로 작용한다. 그러한 '찬실'로 분한 강말금의 진심어린 시선과 몸짓 그리고 표정은 영화 전반에 섬세하고도 영리하게 배치된 서브텍스트를 더욱 깊고 풍부하게 만든다. 또 사투리를 능청스럽게 구사하면서도 과잉되지 않은 연기톤은 허구와 실제의 경계를 넘나들며 영화를 보다 영화처럼 만드는 데 일조한다. 스크린 속 허구의 세상 속에서 펼쳐지는 '찬실'의 말과 행동 하나하나가 관객들에게 진솔하고도 자연스럽게 받아들여지

기까지 주연 배우가 캐릭터의 사실성을 위해 얼마나 세심히 준비하고 노력했을지 충분히 미루어 짐작이 간다. 덕분에 배우 강말금이 영화 속 '찬실'이 되어 가는 것 자체가 한 인간이 언캐니를 직면하고 극복하는 과정이 되었고, 그 결과 〈찬실이는 복도 많지〉는 그동안의 충무로식 여성 서사에 얹힌 과도한 무게감과 불필요한 엄숙주의를 유쾌하고도 산뜻하게 넘어섰다.

"당신이 많이 아파"

〈82년생 김지영〉 김도영

서성희

(영화평론가)

『82년생 김지영』은 소설이라기보다 르포르타주에 더 가까웠다. 소설은 1982년에 태어나 대학을 졸업하고 홍보대행사에 근무하다가 서른한 살에 결혼해서 딸 하나를 낳아 키우고 있던 김지영의 삶을 네 시기로 나누어 '도대체 김지영에게 무슨 일이 있었기에?'라고 묻는다.

하지만, 영화 〈82년생 김지영〉은 좀 더 극적으로 한 인간의 고통에 집중한다. 그러기 위해서 소설 속에 잠깐 제시되었던 지영(정유미)의 병을 중심으로 이야기를 꾸려나간다. 영화는 "일은 기계가 하는데 전업주부가 왜 아프냐고?"라고 말하는 사람들에게 공유(대현 역)의 입을 빌려 82년생 김지영이 많이 아프다는 사실을 인정하게 한다. 영화는 "남편이 벌어다 주는 돈으로 커피 마시면서 돌아다니"는 상팔자 전업주부가 아프다는 사실을 인정받는데 많은 시간을 할애한다.

지영이 아프다는 사실을 인정한 후에야, 영화는 무엇이 지영을 그렇게 아프게 했는가를 묻는다. 영화는 82년에 태어난 김지영이 한국 사회에서 여성으로서 겪을 수 있는 다양한 상황을 종합선물세트처럼 줄줄이 펼쳐낸다. 가부장적인 아버지, 아들에게만 집착하는 할머니, 명절의 고부갈등. 세상은 전업주부에게 온갖 혐오 발언을 쏟아낸다.

다행히도 영화 속 남편 대현은 배려 깊고 친절한 사람으로 나온다. 명절에 여행을 제안하기도 하고, 시댁 주방에 들어오는 과감한 도전도 한다. 그러나 이런 남편의 행동은 아내가 병에 걸렸다는 사실을 알게 된 후 변화된 태도다. 그래서 몇 년간 전업주부로 억눌러왔던 상처가 쌓이고 쌓여 난 병이 단시간의 배려로 치유되긴 힘들다.

지영은 '해리성 정체감 장애'를 앓고 있다. 지영은 남에게 할 말을 잘 못하고 담고 사는 사람이다. 그것이 쌓여 스트레스가 극에 달했을 때 다른 사람의 입을 빌려 속에 담아둔 말을 하는 병에 걸렸다. 영화는 소설보다 더 현명한 전략으로 대중과 만난다. 소설이 그렸던 남녀 구도나 다소 무리하게 제시되었던 에피소드는 없애거나 완화하는 대

신, 빙의로 보이는 정신질환을 적절히 사용해 문화적 차별이 가져온 폐해를 간간이 드러내며 극적 구조를 감성적으로 이어나간다. 그리고 '영화가 내 얘기와 비슷하다'는 공감을 얻으며, 특히 윗세대로 공감의 폭을 넓혔다.

82년생 김지영은 대현을 비롯한 여러 사람의 따뜻한 시선과 공감으로 일어설 힘을 얻었다. '어쩌다 엄마'가 된 김지영은 자신을 둘러싼 문화적 제도적 차별에 대한 상황을 온몸으로 경험한 후에야 비로소 자신이 무엇을 어떻게 해야 하는지 알게 된다. 그 모든 일을 온몸으로 겪은 후에도 지영은 여전히 집안일을 하고 아이를 키우고 여느 때와 다름없는 나날을 보낸다. 그러나 그녀는 씩씩하게 일어섰고 치료를 받으며 글을 쓰기 시작한다. 그리고 자신이 참아왔던 것에 대해 마주하고 조금씩 해결하는 법을 배우고 있다. 세상과 당당히 맞설 수 있는 힘도 생겼다. 그리고 엄마로서의 자신과 사회인으로서의 자신의 위치를 조금씩 찾아 나가고 있다.

인간의 삶이란 누구에게나 힘들다. 영화는 한 인간이자 여성인 김지영이 힘겨운 삶이라는 징검다리를 하나씩 건너가고 있는 과정을 보여준다. 영화는 지영의 내적 갈등에 집중하면서 그녀가 받는 고통과 극복의 과정을 드러냄으로써 많은 이들의 위로와 공감을 자아낸다. '인간에 대한 연민'과 '아픔에 대한 공감'은 무언가를 해야 한다는 행동으로 이어지는 시작점이 된다.

영화 한 편이 사회가 가진 불합리함을 당장 바꿀 수 있다고 믿지 않는다. 하지만 오랜 시간 무의식에 켜켜이 쌓여 있는 불합리한 인식이 조금씩 개선이 되고 제도적 장치를 마련함으로써 기회의 평등이 이루어지는 세상으로 나아가야 한다.

그래서 〈82년생 김지영〉은 정치적이다. 전업주부의 삶을 드러내는 것만으로도 관객을 생각하게 하고 불편하게 하기도 한다. "언론과 여론에서 (전업주부인) 그들을 무능력하고 이기적이고 사치스러운 존재로 다뤘다. 성실히 살고 있는 여성들이 그렇게 기억되게 하고 싶지 않았다."라는 인터뷰에서 감독이 밝히고 있듯이, 영화는 전업주부에 대한 기존 인식을 돌아보게 한다. 그리고 영화는 전업주부 김지영이 짊어진 고단함과 상처를 마음껏 분출할 수 있게 하고, 김지영의 이야기를 조곤조곤 들어주고 보듬어 주면서, 세상을 조금씩 나아지게 하는 영화의 정치적 소임을 해내고 있다.

영화적 상상력으로 풀어낸
분단영화의 가능성*

〈강철비2: 정상회담〉 양우석

황영미
(영화평론가/한국영화평론가협회 회장, 숙명여대 기초교양학부 교수)

세계에서 유일한 분단국가인 한국과 북한의 통일 문제는 대한민국 국민이라면 누구나 고민해 봤을 것이다. 영화 〈강철비2: 정상회담〉의 전편인 〈강철비〉에는 독일은 제2차 세계대전의 주전국이어서 분단이 됐지만, 주전국인 일본을 놔두고 주전국도 아닌 한국이 분단됐다는 대사가 나온다. 우리가 분단 상황에 대해 성찰해야 할 지점을 환기시키는 의미있는 대사다. 국제적 정세로 얽히고 설킨 통일 문제에 대한 해결 방향은 현실에서는 뚜렷하지 않지만, 영화적 상상에서는 해결을 보여줄 수 있다. 한편 영화에서 분단을 다루는 방식은 현실을 반영하지만, 영화적 상상력이 가미되기 마련이어서 리얼리티와 상상력 사이에서 줄타기를 한다. 전편인 〈강철비〉는 〈변호인〉의 양우석 감독이 유명 인기 웹툰 〈스틸레인〉을 연재하던 원작자인 제피가루 작가와 2011년 이전부터 10년을 준비했다고 한다. 당시 웹툰은 천만 뷰를 기록하여 영화에 대한 기대감도 컸다. 전편은 북한의 핵을 남한에 공유하는 방식이기는 하지만 남한도 핵무기를 가지는 결말로 북한 핵 문제를 풀어내는 결말로 이끌어 낸다. 이 과정에서 북한의 특수 요원인 엄철우(정우성)와 남한의 청와대 외교안보 비서관인 곽철우(곽도

원)의 형제애와 휴머니즘이 설득력을 가져 관객 455만 명을 동원한 바 있다. 같은 양우석 감독이 만든 〈강철비2: 정상회담〉(이후 2편으로 서술)은 전작에서의

---

* 이 글은 『세계일보』 '황영미의 영화산책' (2020.8.7.)원고를 바탕으로 수정한 것이다.

주연 배우의 남북한 국가를 바꾸었다. 이는 누구나 태어난 상황에 따라 국적이 정해질 뿐이라는 의미를 강조하는 감독의 의도가 있는 것으로 보인다. 1,2편 공통적으로 북한 핵문제와 북한 군부 쿠데타가 핵심 사건의 동력으로 작동하고 있다. 그리고 통일문제는 남북한만으로는 해결하기 어려우며, 한중일미 간의 국제 관계에서 풀어내야 할 과제가 많다는 점에서 출발하고 있다.

2편은 북미 평화협정 체결을 위해 북한 원산에 남북미 세 정상이 모이는 데서 시작한다. 각국의 목표가 충돌하는 가운데, 대한민국 대통령(정우성), 북한의 최고지도자인 위원장(유연석)과 미국 대통령(앵거스 맥페이든)의 정상회담은 예상대로 시원한 결론을 맺지 못한다. 그런데 갑자기 핵무기 포기와 평화 체제 수립에 반발하는 북한 호위총국장(곽도원)에 의한 쿠데타가 발생하여, 세 정상은 북한 핵잠수함에 인질로 갇히게 된다.

이때부터 2편은 세 국가 원수들의 정상회담보다는 핵잠수함 액션이 중심이 된다. 중국과의 강력한 동반자 위치를 고수하기 위해 일본을 향해 핵을 발사하려는 호위총국장의 고집으로 핵잠수함은 위험을 무릅쓰고 발사를 위한 수위에 진입하려 하고, 이를 저지하려는 베테랑 부함장(신정근)의 주변국으로부터의 어뢰 공격을 피하려는 충돌이 긴장감을 유발시킨다. 주연은 아니지만 신정근의 무게감 있는 연기가 무게중심을 잡아주는 요소가 된다. 과도하다 싶을 정도의 코믹요소만 눈감아준다면 분단을 소재로 흥미로운 상상력이 펼쳐지는 영화라고 볼 수 있다. 그러나 핵전쟁 발발 위기라는 상황의 긴박감과 공포감 등이 드러났던 전편에 비해 2편에서의 잠수함 액션조차 이에 미치지 못했으며 휴머니즘 등의 관객 동일시 효과도 부족하여, 손익분기점 395만 명에는 크게 미달한 180만 명밖에 동원하지 못했다. 그러나 통일 문제에 대한 관객의 관심을 이끌어낸 사회성의 측면에서 한국영화계에 의미 있는 결과를 이뤄냈다고 볼 수 있다. 전편과 2편이 모두 북한과의 민족적 화합에 긍정적으로 귀착하는 낭만성을 가지고 있지만, 어려운 현실의 벽을 넘어서는 것은 의외로 상상력에 있다고도 볼 수 있다. 통일에 관한 관점은 여러 각도가 있을 수 있지만, 현실에 답이 보이지 않을 때는 영화가 끌어내는 통일 문제에 대한 긍정적인 환기가 새삼 소중해진다.

리뷰

국외영화

시적 은유에 담은 부탄 사랑

〈교실 안의 야크〉 파우 초이닝 도르지

장석용
(영화평론가/한국예술평론가협의회회장, 전 한국영화평론가협회회장)

야크를 앞세우고, 사람, 초원, 산야초(山野草)가 어우러지는 영화. 서막에서 부탄의 심산을 배경으로 한 풍광은 관객들의 시선을 사로잡기에 충분하다. 〈교실 안의 야크〉는 민요조의 '야크의 노래'가 울려 퍼지면서 시작된다. 지정학적 부탄과 부탄인들의  현재적 마음을 상징하는 기호들이 영화 곳곳에 배치된다. 풍경 속 여인 살돈(켈덴 라모 구룽)의 노래는 신비감을 안겨 주며, 살돈은 야크와 같은 존재로 기능하며 루나나의 습속을 풀어 가는 열쇠가 된다.

〈교실 안의 야크, Lunana: A Yak in the Classroom, 109분〉(2019)는 히말라야 중턱에 자리한 작은 나라 부탄영화이다. 2018년 부탄의 추계인구는 82만 명이다. 존중이 이는 대목. 옥스퍼드 출신 국왕은 직위를 내려놓고, 평민과 결혼하여 오두막에 살고 있다. 잔잔한 감동을 주는 영화는 작년 제24회 부산국제영화제, 제8회 무주산골영화제, 제4회 울주세계산악영화제에서 호평을 받았다. 올해 7월, 제15회 부산국제어린이청소년영화제도 이 영화를 초청했다.

이 영화의 주제는 '행복 찾기와 유대감'이다. 부탄이 추구하는 행복지수에 부합되는 제목이다. 평등을 기본 가치로 삼는 교육과 자연환경, 행복 추구에 대한 지긋한 조언, 전인교육과 진정한 행복에 대한 가르침, 타인에 대한 존중을 배우는 아이들은 자연이 키우는 아이들이다. 유겐(셰랍 도르지)은 행복을 찾아 이민자가 된 부탄인의 현재를 반영한다. 그는 자신이 추구한 것은 자신 안에 존재하며, 행복은 목적지가 아니라 여정에 있다는 것임을 뒤늦게 깨닫는다.

〈교실 안의 야크〉는 20년 만에 부탄영화를 보는 즐거움을 추가한다. 키엔체 노르부 감독의 〈컵〉(1999년)은 부산국제영화제에서 국제영화비평가연맹(FIPRESCI)상을 수상한 바 있다. 〈교실 안의 야크〉의 영화의 갈래는 드라마이지만 다큐멘터리적 모습이 곳곳에 감지된다. 영화감독을 비롯하여 배우들 모두가 신인이다. 감독은 부탄 사랑을 노골적으로 드러내지 않고, 야크의 목동 살돈이 불쏘시개를 제공하는 야크를 유겐에게 선사하면서 사랑의 의미를 일깨운다.

영화는 소중한 것을 곁에 두고, 먼 곳에서 꿈을 찾는 젊은이들을 훈계한다. 청년 교사 유겐의 꿈은 교사로서 의무복무 기간을 채우고 호주에 이민하여 뮤지션이 되는 것이다. 미래를 어루만지는 직업을 제쳐두고 꿈의 장소로 상정한 호주는 낙원이 아니었다. 허망하기 그지없는 선술집에서 밤 기타 가수로 노래하는 것이 전부이다. 영화는 부탄의 비경을 배경으로 한 살돈의 노래에서부터 유겐이 호주의 선술집에서 "야크의 노래'를 부르면서 끝이 난다.

교육을 중시하는 부탄, 부탄의 수도 팀푸에서 천방지축으로 교육에는 관심 없고 기타 연주와 노래를 즐기는 새내기 교사 유겐은 교사직이 영 적성에 맞지 않는다. 유겐은 교육부의 밉상을 받아 인구 56명, 고도 4,800m의 루나나의 오지 학교로 전출된다. 걸어서 꼬박 여드레 동안 산행을 해야 닿을 수 있는 산길은 녹록지 않다. 루나나로 가는 길은 로드 무비 형태를 띤다. 다큐적 해설을 대신하는 인구와 고도가 화면에 표시되고, 엑타라 사운드가 부탄을 대신한다.

루나나는 전기는 고사하고 핸드폰도 터지지 않는 곳, 자연이 교과서이다. 촌장의 말이 법이고, 야전 생활과 다름없는 깊은 달궁에 위치한 이곳에서 유겐은 겨울이 오기 전까지 의무 교육 기간 동안 학생들을 가르쳐야 한다. 그는 아름다운 풍광, 순박한 시골 인심과 환대, 배움에 대한 아이들의 열정과 교사 존중을 대하면서 변모되는 모습을 보이지만 호주로 가는 꿈을 버리지 못한다. 살돈이 유겐에게 준 야크를 물리고, 교구를 정리하면서 다시 팀푸로 향한다.

영화는 팀푸에서의 유겐, 루나나로 가는 길, 루나나에서의 생활, 호주의 선술집에서의 노래하는 모습으로 구성되어 있다. 상식을 깨는 것은 부탄 같은 깊숙한 아시아나 모잠비크 같은 아프리카의 대도시 젊은이들의 놀이문화도 한국과 별반 차이가 없다는 점이다. 영화는 세대 간의 갈등과 지향점이 우리와 비슷한 부탄 젊은이의 모습을 간결하게 잘 담아내고 있다. 대자연과 어우러진 사람들을 찬미하는 '야크의 노래'는 촌장이 작곡하고 부르는 노래였다.

팀푸에서 송별파티를 끝내고, 산행 약속지점에 이르면 촌장이 보낸 청년들 미첸(유겐 노르부 렌덥)과 싱예(체링 도르지)가 마중 나와 동참하며 유겐의 짜증을 달래고 궁금증을 풀어준다. 대자연의 루나나에 도착한 유겐이 마을에 적응해 나가는 과정은 문명과의 접촉을 경험하지 못한 학급 반장 펨 잠의 어른스러운 행동과 아이들의 대답은 흥미롭고, 야크의 목동 살돈의 존재는 단조로움을 깨는 신비감 자체이다. 펨 잠과 아이들의 순박한 연기가 진정성을 더한다.

순박한 산골 사람들은 청년 교사를 따뜻하게 맞아주지만 열악한 교육환경에 황당해하고, 화가 난다. 전기, 교과서, 공책, 필기도구, 분필, 칠판도 없는 교실에서 아이들을 가르치던 유겐은 자신의 재능과 인맥을 활용하여 마을 사람들에게 칠판을 만들게 하고, 팀푸에서 공책과 필기도구를 가져오게 만든다. 산골 아이들과 마을 사람들을 이해하면서 유겐이 변화하는 과정을 보여준 감독은 유겐을 호주로 보냈지만, 그곳에서의 정착을 쓰는 방법도 있었을 것이다.

파우 감독은 부탄 영화계를 이끌 주목할 작가 · 사진가 · 영화감독이다. 그는 키엔체 노르부 감독의 〈바라: 축복〉(2013)에 연출부로 참여하면서 영화계에 입문했다. 파우는 제69회 로카르노 영화제에 제작자로서 〈헤마헤마: 내가 기다리는 동안 노래를 불러줘〉(2016)를 소개하여 호평을 받았고, 그해 토론토국제영화제에서 특별언급상을 수상한 바 있다. 전 세계가 주목하는 파우의 〈교실 안의 야크〉는 잔재미를 포함, 문화인류학을 이해하는 훌륭한 텍스트로 기능한다.

어떻게 하는지 한 번 보고 싶소!

〈두 교황〉 페르난도 메이렐레스

박태식 신부

(영화평론가/성공회대 교수)

교황은 자진 사퇴하는 법이 거의 없다. 지난 역사에 딱 한번 그런 일이 있었을 뿐이다. 교황 그레고리오 12세(1406-1415 재위)가 교회의 분열을 막기 위해 스스로 물러났던 것이다. 그런데 2013년 교황 베네딕토 16세가 물러나겠다고 공식 발표를 했다. 가톨릭교회의 수장으로서 교황의 위치를 고려할 때 전 세계 가톨릭신자가 충격으로 받아들이는 게 당연한 노릇이었다. 교황의 심경에 어떤 변화가 왔을까? 과연 무슨 일이 있었던 것일까?

베네딕트 16세(안소니 홉킨스)의 뒤를 이어 교황 좌에 오른 프란치스코 교황(조나단 프라이스)은 본디 교황은커녕 자신의 추기경직에서도 물러나려 했던 사람이다. 추기경으로서, 또한 한 사람의 신앙인으로서 이런저런 고민에 놓여있어서였고 은퇴를 요청하는 편지까지 베네딕토 16세에게 쓴 상태였다. 그런데 갑자기 교황이라니? 이게 무슨 날벼락인가? 교황의 호출에 아르헨티나에서 로마까지 날아 온 그에게 완전히 예상 못 한 상황이 벌어진 셈이다. 도대체 무슨 일인가?

두 교황

페르난도 메이렐레스 감독은 두 교황 사이에 놓인 틈을 잘 파고 들어가 그럴듯한 이야기를 만들어냈다. 〈두 교황〉(The Two Popes, 페르난도 메이렐레스 감독, 극영화, 미국·영국·이탈리아·아르헨티나, 2019년, 126분)이라는 제목의 영화다. 감독은 둘 사이에 있었을 법한 대화를 만들어 넣었고, 무엇이 그들의 오늘을 있게 했는지, 무엇이 그들의 장점과 약점인지, 그리고 문제를 어떻게 풀어야 가장 현명한 결론을 맺을 수 있었는지, 그 모든 양상을 멋지게 디자인했다. 이야기는 전부 픽션이지만 두 교황이 영화를 직접 보았어도 고개를 끄덕일만한 내용이었다. '감독이 어떻게 내 속마음을 저렇게 꿰뚫어보았을까?'

교황청의 오랜 숙제 중 하나는 비유럽 권 나라에서 교황을 탄생시키는 것이었다. 전형적인 유럽식 사고를 하는 사람에게서는 참다운 개혁이 불가능하다는 뜻이다. 그러나 2005년에도 당시 교리성 장관이었던 독일 출신 라칭어 추기경이 교황에 당선되었고 그로써 개혁은 요원해 보였다. 그러나 7년이 지난 2012년에 교황은 베르고글리오 추기경을 호출한다. 차기 교황 자리를 제안하기 위해서이다. 영화는 그 때부터 시작한다. 픽션의 시작인 셈이다.

두 사람은 교황청의 여러 구역을 옮겨가며 이야기를 나눈다. 교황의 여름별장, 로마 교황청으로 향하는 교황 전용 헬리콥터 안, 미켈란젤로의 천지창조가 그려진 시스티나 성당(교황선출 회의인 콘클라베conclave가 열리는 곳이기

도 하다), 시스티나 성당의 제의실(새로 선출되는 교황은 여기서 교황 복장으로 갈아입는다), 그리고 교황청 옆에 마련된 은퇴한 베네딕트 16세의 자택에서이다. 이렇게 장소를 옮겨가면서 두 교황은 가톨릭교회의 문제, 오늘날 세계가 직면한 문제, 개인적인 아픔과 상처에 이르기까지 다양한 주제로 이야기를 나눈다. 그리고 마침내 베네딕트 16세의 입에서, 왜 자신이 교황 자리에서 물러나려 하는지 그 이유가 드러난다. 깜짝 놀라는 베르고글리오 추기경! 은퇴를 부탁하려 왔다가 차기 교황 자리를 제안 받은 것이다. 그 이유가 정말 궁금하지 않은가? 아직 영화를 안 본 독자를 위해 입을 다물도록 하겠다.

영화의 짜임새가 훌륭했다. 그래서 마치 스릴러를 보듯 잠시도 한눈 팔 틈이 없었다. 혹 두 사람의 대화로만 구성되었으니 지루하면 어쩌나 하는 염려는 접어두길 바란다. 거기에 명배우 안소니 홉킨스와 조나단 프라이스가 보여준 발군의 연기는 정말 뛰어났다. 독일사람 특유의 치밀함과 강인함, 아르헨티나 사람 특유의 여유와 솔직함이 절묘하게 표현되면서 마치 진짜 두 교황의 모습을 보는 느낌을 받았다. 영화 마지막에 잠시 등장하는 두 교황의 실제 모습과 비교하시기 바란다.

영화의 시작에 "이 영화는 실화를 바탕으로 만들어졌습니다."라는 말이 올라온다. 물론 베네딕트 16세가 물러난 후 프란치스코 교황이 탄생했으니 실화가 바탕이 된 것은 분명하다. 그러나 내용을 들여다보면 바탕이라는 말보다는 원어인 영어를 쫓아 '실화에서 영감을 받았다'라고 하는 게 편하다. 자칫 오해가 생길지 몰라 하는 말이다.

무엇이 바뀌었을까?

교황이 되면 전부 바뀐다. 사는 곳은 물론이고 복장, 운송수단, 호위부대 등등 엄청난 변화가 이뤄진다. 마치 대령에서 장군으로 진급할 때 바뀌는 것과 비슷하다. 그리고 호칭에서도 큰 변화가 찾아온다. 교황을 부르는 원어 '파파 Papa'는 '아버지'라는 뜻의 papas에서 유래했다. 그러나 우리에게 익숙한 교황이란 그저 편하게 부르는 호칭일 뿐이고 실제로는 상당히 긴 이름을 갖고 있다. 교황은 '로마 교구의 교구장 주교이며, 그리스도의 대리자이며, 베드로의 후계자이며, 서방 교회 최고의 사제이며, 총대주교이며, 이탈리아의 수석 대주교이며,

바티칸 시국의 원수元首이며, 세계 주교단의 단장이며, 현세 교회를 통괄하는 최고 사목자'이다. 새로 선출된 프란치스코 교황이 "콘클라베에서는 로마의 주교를 임명했다."고 말 한 이유다.

모든 게 바뀌지만 결코 바뀌지 않는 것도 있다. 바로 그 사람의 기질이다. 베네딕트 16세는 전통의 수호자이자 가톨릭교회의 지도자라는 사명감에 충실하다. 그러나 프란치스코 1세는 가난한 자들의 수호자이자 가톨릭교회의 종이라는 자의식이 강하다. 교황이 신는 붉은색 프라다 신발과 금으로 된 십자가 목걸이를 거부하고 아르헨티나의 동네 제화점에서 만들었을 법한 허름한 구두와 자신이 평생 착용한 십자가를 선택한다. 두 교황 사이에 놓인 차이를 보여주는 상징이다. 여기서 옳고 그름은 없다. 그저 최선을 다했는가 하는 질문만 남는 것이다.

실화에서 영감을 받기는 했지만 대사들은 참으로 교황다웠다. 교회의 지도자로서, 민중의 지도자로서, 세계의 지도자로서 해야만 할 적절한 말들이 이어진다. 앞뒤가 다른 세속 정치가의 말이 아니라 진심에서 우러나오는 말들이기에 자연스런 감동으로 다가왔다. "지도자로서 가장 중요한 덕목은 지도자가 되기를 원치 않는 것입니다.", "어떤 때는 주님과 연결되어 있는 느낌이 들지만 어느 날에는 이렇게 말할 수밖에 없어요. 그래, 시도는 해봤잖아.", "이제 너무 늙어서 내가 무슨 죄를 지었는지도 잊어버려요." "주님은 항상 새 교황을 보내 이전 교황의 잘못을 바로 잡으십니다."

대화의 주제들도 대단히 다양하다. 불평등, 동성애, 사제 독신, 사제들의 성추행, 세속화된 교회 제도, 비리의 온상으로 지탄받는 바티칸 은행, 신자수의 급감 등등. 그 모든 주제들에 대해서도 두 교황은 각각의 의견을 피력한다. 그리고 서로의 고해를 들어주고 성사를 주는 장면도 대단했다. 필자 역시 사제의

한 사람으로서, 영화를 이렇게 만들 수 있다는 사실이 놀라울 뿐이었다.

비록 수상을 못했지만 〈두 교황〉은 골든 글로브에서 각본상과 작품상 후보에 올랐다. 영화를 통해 신앙에 대한 깊이 있는 성찰이 이루어졌다는 사실이 그렇게 증명된 셈이다. 그간 두 교황에 대해 각종 언론에서 가볍게 다루어지는 데 비하면 훨씬 무게감 있게 사실에 접근했다. 베네딕트 16세가 교황자리에서 사임하기까지, 프란치스코 교황이 교황 좌에 오르기까지 겪었을 법한 내적 갈등이 잘 표현되어 있다.

"당신이 어떻게 내 잘못을 바로 잡는지 보고 싶소." 베르고글리오 추기경을 설득하면서 베네딕트 16세가 한 말이다. 실제로 프란치스코 교황은 이전의 교황들에게서 발견할 수 없었던 파격적인 행보를 하고 있다. 예를 들어 그는 2013년에 "만일 동성애자가 선한 의지를 갖고 신을 찾는다면 내가 어떻게 그를 심판할 수 있겠느냐"고 반문하면서 교리문답에서 동성애 행위 자체를 이유로 동성애자를 업신여기지 말아야 한다는 점을 강조한 바 있다. 그러나 동성애와 동성결혼에 대한 반대 입장을 고수하는 가톨릭의 공식적인 입장은 한 치도 바뀐 게 없다. 그러니 프란치스코 교황의 개혁은 여전히 진행 중이라고 해야 할 것이다.

가톨릭 영화로, 또한 깊이 있는 종교 영화로서 손색이 없다. 두 교황이 혹 영화를 볼 기회를 가졌다면 아마 몹시 만족했을 것이다. 감독의 연출력에 다시 한 번 갈채를 보낸다.

속도감 있는 연출로 사회문제를 폭로

〈밤쉘: 세상을 바꾼 폭탄선언〉 제이 로치

양경미
(영화평론가/연세대학교 경제대학원 겸임교수, 한국영상콘텐츠학회 회장)

영화 '밤쉘 : 세상을 바꾼 폭탄선언'(이하 밤쉘)은 폭스뉴스 로제 에일스 회장의 실제 성추행 사건을 다룬 작품으로 미국 최대 방송사를 한 방에 무너뜨린 폭탄선언과 그 중심에 선 세 여성들의 통쾌하고 짜릿한 역전극을 다룬다.

폭스뉴스의 간판 앵커인 메긴 켈리(샤를리즈 테론 분)는 대선후보 토론회에서 여성을 비하한 트럼프와 설전을 벌리면서 화제의 중심에 서게 되고 동료 앵커인 그레천 칼슨(니콜 키드만 분)은 언론계 제왕이라 불리는 로저 에일스(존 리스고 분)를 성희롱으로 고소하고 폭로한다. 한편 신입 앵커 케일라 포스피실(마고 로비 분)은 폭스 회장의 또 다른 피해자가 된다.

직장 내 성희롱과 권력형 성추행 사건은 동서양을 막론하고 사회적 문제다. 영화는 권력을 가진 남성이 여성에게 어떻게 피해를 가하는지에 초점을 맞추고 그 과정에서 권력형 성추행이 얼마나 폭력적인가를 선명하게 드러낸다. 남성중심의 사회에서 피해자는 여성일 수밖에 없다. 또한 미국 내에서 백인 여성앵커라면 기득권층에 속하지만 권력과 피권력자 사이에 서면 여성은 속절없이 피해자가 된다. 문제는 권력자가 이익과 불이익을 주게 되면 권력형 위계에 의한 풍토가 자연스럽게 조성된다는 것이다. 야망을 가진 메긴은 과거 로저에게 성추행 당했지만 자신이 폭스뉴스에 스타앵커가 될 수 있게 만들어 준 것도 로저였다. 케일라의 동료 제스 또한 레즈비언이라는 정체성이 들어나 로저의 표적이 될까봐 두려워 케일라의 편에 서지 않고 거리를 둔다.

남성중심의 사회에서 여성연대의 힘을 통해 문제를 해결하려는 노력을 보여준다. 그레천 칼슨은 조지 에일스 회장 뿐만 아니라 방송국 내의 다른 남성들도 여성을 비하하고 성희롱하는 것에 대해 비판하면서 해고당하게 되고 회장을 성희롱 혐의로 고소한다. 처음 폭스의 직원들은 자신의 안위를 위해 애써 이를 외면하지만 나중에는 22명의 직원들이 동참하고 끝내 이 폭탄선언은 '미투'(나도 고발한다) 운동의 도화선이 된다. 이들 여성들은 연대를 통해 공포와 두려움을 뚫고 용기를 내어 세상을 바꿀 것을 선언하게 되는 것이다.

　　실화를 바탕으로 한 영화는 직장 내에서 벌어지는 권력형 성추행의 역학관계를 세밀히 담았다. 폭스사에서 성희롱은 일상화 됐다. 회장 로저 에일스는 TV에서는 여성의 각선미가 중요하다고 입버릇처럼 말한다. 짧은 치마를 입도록 강요하는 것은 물론 여성 앵커에게 투명테이블에 앉히며 시각매체인 TV의 시청률을 높이기 위함이라는 논리로 자신의 발언을 정당화시킨다. 또한 일자리를 빌미로 충성심을 보이라고 말하며 자신의 성적 욕망을 충족시키는 데 여성을 이용한다.

　　속도감 있는 연출을 통해 현장에 있는 듯한 현실감도 살렸다. 초반부터 시작되는 폭스뉴스의 간판 앵커 메긴 켈리의 속사포 같은 내레이션은 관객을 압도하며 몰입도를 높인다. 영화 '트럼보'에서 좋은 평가를 남긴 제이 로치 감독은 영화 시작부터 빠른 편집과 긴장감 있는 화면 구성으로 현장감을 연출해냈다. 효과적으로 사용된 줌인 쇼트는 박진감 넘치며 생생한 극적 분위기를 더욱 고조시키고 유지한다.

　　'밤쉘'은 폭탄선언 즉 충격적인 이야기라는 뜻이다. 제목만큼 영화는 거침없이 미국 최대 방송사의 성폭력 사건을 폭로하고 있다. 직장 내 갑을관계를 이용해 여성들에 대한 성폭행과 성추행은 그동안 비교적 자연스럽게 받아들여졌다. 그러나 최근 용기 있는 여성들의 폭로로 구체제의 악습들이 백일하에 드러나기 시작했고 영화 '밤쉘'은 권력의 정점을 겨눈 여성들의 용감한 선택과 사회 변화의 흐름을 이끌어낸 여성연대의 힘을 보여주었다.

매혹된 자의 고백

〈페인 앤 글로리〉 페드로 알모도바르

송효정

(영화평론가/대구대 성산교양대 자유전공학부 조교수)

정신적이고 신체적인 고통들에 포박된 그의 유일한 동반자는 고독이다. 영화는 노년의 감독 살바도르 마요(안토니오 반데라스)가 당면하게 된 창조적 상상력의 고갈에서 시작한다. 마침 30  년 전 작품의 리마스터링 상영을 계기로 오랫동안 연을 끊었던 배우와 만나 약물을 접하게 되고, 그는 고통을 잠시 마비시키고 환각적으로 기억을 소환하는 약물에 의존하며 과거 자신의 삶과 영화에 대한 매혹적 감각을 추적해 간다. 이 애처로운 추적은 첫사랑의 치열함, 어머니에 대한 기억 그리고 최초의 열망이라는 원초적 감각에 이윽고 도달한다. 〈페인 앤 글로리〉는 고독, 고통, 고갈 속에서 오랫동안 상실했던 열망의 기원을 찾아가며 자신이 투쟁해왔던 것들과의 화해를 시도하는 영화다.

지리학과 해부학

페드로 알모바도르는 이 작품을 통해 영화적 세계를 탐험하고(지리학) 인간의 고통에 대해 파해친다(해부학). 영화 속 알모바도르의 페르소나라 할 만한 감독 살바도르는 과거 자신이 신학교에서 솔로이스트를 하며 채 학습하지 못한 세계를 영화감독이 되어 알게 되었다고 하면서 지리학과 해부학의 이미지를 CG로 전달한다. 앎의 영역에서의 학문을 감각과 체험의 영역에서의 영화적 추구와 결부시킨 셈이다. 영화 〈페인 앤 글로리〉에서 이 추구의 관문을 열어주는 것은 역설적이게도 '약'이다.

패닉, 공포, 우울증, 천식, 불면증, 척추의 고통 그리고 쿠션 없이는 바닥의 물건조차 집을 수 없는 신체 능력의 저하. 감독 살바도르는 삶을 불행하게 만드는 고통 속에서 영감을 잃어가고 있다. 주변인의 권유에도 불구하고 그는 병원이나 조제된 약을 불신하고 있는데, 그러한 순간 그는 우연히 헤로인을 시작하고 점차 약물에 의존적이 된다.

사실 이 작품에서 '약'이란 중의적 차원에서 중요하다. 그에게는 신체적 통증을 완화시킬 약이 중요하지만 사실 그는 본질적 고독에서 구원할 그보다 강한 차원의 구원이 필요하다. 영화는 강한 환각 작용이 인도하는 대로 자유 연상적으로 진행된다. 물에 대한 감각은 물가 빨래터의 이미지로, 카페의 피아노

연주가 학창시절 성악 레슨으로 도약하는 장면 전환이 그러하다. 영화 속 약의 이미지는 고통으로부터 도피하기 위한 마약성 약물에서 삶의 생기를 되찾는 치유로서의 약의 이미지로 변한다. "영화를 못 찍는 다면 내 인생은 의미없다"며 헤로인 가루에 의존하던 감독은 "나를 구원한 것은 영화였다" 라며 알약들을 갈아서 요거트에 타 마신다. 그가 약을 먹는 이유는 생의 열정을 되찾고 영화를 만들기 위해서인 것이다.

심연의 속임수 미장아빔

감독 자신의 기억에서 출발하기에 이 영화는 자전적 영화로 알려져있다 (실제 영화 속 감독 살바도르의 아파트는 알모도바르 감독의 아파트를 참고해 세트를 지었고 그의 실제 소장품들을 배치해 두었다) 이 작품은 영화 속 연극, 영화 속 영화, 꿈의 장면화를 활용한다는 점에서 페드로 알모도바르의 전작들과의 특징을 공유하고 있다. 전작들에서처럼 현실과 허구의 경계를 모호하게 오가는 메타픽션의 요소를 곳곳에서 활용하고 있기도 하다. 그런 점에서 〈페인 앤 글로리〉와 형식적으로 내용적으로 가장 친연성이 강한 영화는 아무래도 감독의 자전적 기억이 반영된 작품인 〈욕망의 법칙〉(1987)과 〈나쁜 교육〉(2004) 일 것이다.

이번 영화에서 감독의 청년시절의 경험을 비교해볼 만한 〈욕망의 법칙〉은 젊고 인기 있는 영화감독이 자신에게 집착하는 청년에 의해 곤경에 처하는 과정을 다룬다. 이 작품에는 영화 속 연극으로 장 콕토의 단막극 「인간의 목소리」[1]가 등장하며, 영화 속 영화(시나리오)가 서사 전개에서 중요한 역할을 하고 있기도 하다.

한편 〈페인 앤 글로리〉 역시 영화 속 연극으로 살바도르가 쓴 단편 「중독」
이 상연된다. 하지만 미묘하게 숨겨진 것은 영화 속 영화의 기법이다. 영화에서
보여준 노감독이 소환한 기억들을 마치 하나의 영화인 양 눈속임하는 방식으
로. 이는 엔딩 장면에서 과거 기차역 노숙 장면을 촬영하는 현장을 노출시키는
방식으로 드러난다. 그러니까 지금까지 관객들이 알모바도르 감독의 체험이라
이입하며 관람한 모든 장면은 하나의 '영화(허구)'에 불과하다는 것을 시침 떼
고 보여주면서 현실과 허구의 거리를 새삼 환기시키는 방식인 셈이다.

이는 미장아빔(mise en abyme), 즉 현실을 재현한 영화 속에 다른 영화를
삽입함으로써 다른 영화적 공간(심연)을 표현하는 방식의 일종으로 볼 수 있다.
미장아빔이란 '심연에 놓다'는 의미로, 마주보는 두 거울에 반대편 거울의 상이
끝없이 비치는 것(심연)을 지칭하는 개념이다. 일반적으로 영화 속 영화, 그림
속 그림, 사진 속 사진 등 담화 속에 또 다른 담화가 발화되는 구조를 의미한다.

미장아빔의 구조로 본다면 〈페인 앤 글로리〉 안의 연극과 또 다른 영화는
일종의 분열 내지 무한한 증식의 과정을 거치며 주체와 장치의 분열을 암시한
다. 즉 우리가 보는 이 영화는 페드로 알모도바르의 삶(진실)이 아니며, 그 안
에는 또 다른 액자의 연극과 영화(허구 혹은 해석들)가 놓여있다는 것. 이 연극
혹은 영화라는 장치를 확장시켜보면 극장에서 영화를 보는 관객들의 체험마저
도 작품 속에 담겨져 있다고 볼 수 있다. 그런 점에서 영화 안에는 영화관이나
극장의 빈 관객석과 찬 관객석의 이미지가 여러 번 반복된다.

*"우리는 여름에만 영화를 봤다. 회반죽을 칠한 커다란 벽에다 영화를 상영
하곤 했다. 특히 기억나는 것은 영화에 나오던 물이었다."* 가장 내밀한 영화에
대한 고백으로 시작하는 영화 속 연극 「중독」의 첫 내레이션이다. 주인공 살바
도르의 기억 속 어릴 적 공간은 하얀 회반죽으로 된 동굴집 마을이다. 이 유년
의 기억은 동굴-극장과 회벽-스크린이라는 건축적이고 질료적인 차원에서 '영
화'에 대한 원초적 체험과 맞닿아있다. 그곳에서 소년은 최초의 열정, 즉 회벽
을 칠했던 화가에 대한 강렬한 매혹을 느끼고는 기절한다. 이보다 순수한 영화
에 대한 애정 고백이 있을 수 있을까.

---

1) 알모바도르는 2020년 9월 베니스 영화제에서 단편 〈더 휴먼 보이스〉를 선보였는데, 바로 이 작품이 장 콕토의
   창조적 각색의 일환이다.

죽은 것은 幼齒의 유치함,
살아난 것은 영원불멸 임플란트

〈베이비티스〉 샤논 머피

강익모
(영화평론가/에이스 편집인)

힐링과 예술치료영화로 보기엔 처음 영화를 만드는 감독이 의사인 듯, 아니면 철학자로 여겨진다. 〈베이비티스, babyteeth〉영화는 부실하고 제멋대로 웃자란 뽑지 못한 유치(幼齒)가 빠지는 순간을 그린 영화다. 발치 순간이 정신과 의사인 아비의 모바일 녹화표시 빨간불과. 여고생 딸아이가 옆방에서 '성애를 나누는 소음'을 흐뭇해하며 좋아하는 부모라는 괴상한 단어들로 연결된다면? 〈베이비티스〉는 평범한 사춘기소녀를 자녀로 둔 부모라면 이해 불가능한 상상 이상의 충격을 가져온다. 분명히 죽음을 담보로 이야기가 진행되면서도 항암치료로 대머리가 된 꿈 많은 여고생의 이야기로 보기엔 가슴이 먹먹해 마음이 무거울 수 있는 영화다. 과연 베이비티스 즉. 유치는 성장하기 위해 반드시 빠져야 하는 치아인가? 몸과 마음이 어른이 다 된 성인의 입속 유치는 그 효용을 다해 언제 빠져도 상관없었다. 그런데 하필이면 숨을 끊으려 솜과 천으로 얼굴을 눌렀는데 죽은 것은 유치뿐이다. 우리말로 바꾸어도 유치하기 짝이 없다. 그 키치적 견주임에 웃다가 문득 빠진 이처럼 숨도 멎은 아이를 보는 순간 이 영화는 모든 사고의 시작과 줄거리상의 앞뒤 순서가 그제서야 정상적인 시공간으로 되돌아가는 착점에 해당한다는 것을 알 수 있다.

담담히 죽음을 맞이하기가 핵심인 이야기이지만 아이나 어른 모두 죽음 앞에선 불안해하고 약을 먹고 공포와 망상에 사로잡힌다. 훅하고 어느 날 시한부 암 환자에게 다가온 소년은 다름 아닌 두려움 없이 신의 뜻을 좇아 가나안 땅으로 인도한 모세와 이름이 같은 불량끼 가득한 청년이다. 황야를 방황한 모세처럼 몰골이 헝클어지고 땀과 피, 먼지로 범벅이 된 소년은 약물을 얻고서 암 환자와 소통을 시작하지만 자신의 가족에게는 없는 새로운 결핍의 충족을 발견한다. 바로 가족애, 사랑이다.

이 세상 딸바보 아빠들과 투병하는 자식이 있다면 그 부모를 위한 위로의 영화지만 스스로 자살을 하고자 하는 이에게도 당당히 마지막 날까지 고통을 외면하고 열정적으로 살아야 하는 당위성과 가치를 설파하는 영

화다. 감각적인 영상과 아름다운 음악으로 가슴에 생명에의 존엄과 소통의 중요함을 일깨우는 한 편의 명상시(冥想詩)다. 치유와 위로라는 흔하고 쉬운 단어들 위로 그 사례와 남은 죽음의 케이스는 놀라운 이웃사랑임을 아는 순간 이 영화는 사회적인 영화의 금기를 깨고 다가온다. 깨지면 위험할 것 같은 사례들은 '외로운 임산부가 부르는 개이름 헨리', 옆집 가족들이 부르는 아빠이자 남성의 결여된 욕망인 헨리와 동일시된다. 또한 무료하고 권태로운 삶의 포기자에게 다가온 모세(moses)로 인해 기발한 색상의 미학과 독특한 죽음의 관조를 강하게 칠하여 보여 준다.

샌넌 머피 감독의 이 색칠은 전위적이면서도 시간을 초월하는 기억을 결합해 스마트폰의 갤러리와 소형카메라의 기억에 담겨 일상을 충분히 들여다볼 수 있도록 설계했다. 첫사랑의 경험은 물론이거니와 음악을 통한 예술치료를 받는 이들의 간접적인 모습에도 영향력을 끼치는 기드온스튜디오의 모습은 기독교인들에게 놀라운 영감을 준다. 성경을 나누는 단체수장의 이름인 기드온, 그리고 모세, 밀라와 애나, 헨리 이 정도의 이름이면 충분히 크리스마스에 모두 소통되는 대단위 동질의 성격을 이해하고도 남을 것이다.

천만이 넘는 기독교인들이 사는 대한민국도 이 영화의 의미와 가치를 영화적 자양분으로 여긴다면 지금도 요양원과 시한부 사람을 사는 많은 이들에게 희망과 두려움 없는 새 시공간을 설명할 수 있을 것이다.

메스꺼움과 구토로부터 탈피한 경쾌한 새소리와 투명한 수영장의 상큼한 느낌이 강조된 장면과 교외선열차는 녹색 약물이나 항암제를 이긴다. 또한 피아노와 바이올린, 혹은 LP의 연주보다 디지털시대 약물은 결코 우아하지 못함을 보여주는 영화다.

KOREAN

FILM

CRITIQUES

Korean Film Critiques

신인평론상

[장편] 영화의 제의적 몸짓에 관하여

강선형

도저히 말을 할 수 없는 그런 상황에 처할 때, 그럴 때는 그저 힌트밖에 줄수 없다. 피나 바우쉬는 그렇게 말했다. 우리는 아프다고, 외롭다고, 힘들다고 말하면서 우리 몸 안을 투명하게 들여다봐주기를 바라지만 그런 일은 도무지 일어나지 않는다. '사실 말이라는 것도 뭔가를 떠올리게 하는 것 이상을 할 수 없죠.' 피나의 말이다. 누군가의 목소리에서 흘러나온 아프다는 말, 외롭다는 말, 힘들다는 말은 나의 아픈 때, 나의 외로운 때, 나의 힘든 때를 떠올리게 만드는 것 외에 다른 것을 할 수 없다. '사과는 맛있어.' 그렇게 말할 때 나를 군침 돌게 만드는 그 사과는 타인에게 떠올려진 사과와 완전히 다르다. 그것이 어쩌면 인간의 비극일 것이다. 피나는 바로 그런 말로는 다 전할 수 없는 상황, 그것 때문에 춤이 필요하다고 말했다. 그저 힌트만 줄 수 있을 때, 그녀는 몸으로 고통을, 힘을, 외로움을 전달한다. 그래서 춤의 언어는 소통될 수 없는 언어이면서 동시에 소통의 언어이다. 피나가 바라는 것은 무대 위의 몸에서 우리의 몸으로 소통될 수 없는 무언가를 전달하는 것이었다.

영화는 피나의 언어를 끊임없이 반복해왔다. 무한히 반복되는 몸짓들로 가득 찬 피나의 무대처럼 영화는 그것을 반복해왔다. 영화는 무엇을 도저히 말로 표현할 수 없었던 것일까? 그럼에도 무엇을 떠올리게 하고 싶은 것이었을까?

아서의 춤

영화 〈조커〉에서 아서 플렉의 춤은 그가 스스로에게 이름 붙이게 되는 과정과 뗄 수 없다. 자신의 얼굴에 광대의 얼굴을 그려 나가고 있는 아서의 등 뒤로 뉴스가 흘러나오면서 영화는 시작된다. '미화원 파업 18일째를 맞아 매일 1

만 톤의 쓰레기가 쌓여 고급 주택가마저 빈민가처럼 변하자 오로크 보건국장이 비상사태를 선포했습니다.' 아서는 거울에 비친 자신의 얼굴을 바라보며 입을 두 손으로 찢어 보인다. 뉴스는 계속 흘러나온다. '한편, 건축업계와 건물주들이 난방유 인상에 우려를 표한 가운데 세입자들이 직격탄을…'

분장을 마친 아서는 점포정리를 하는 뮤직숍 앞에서 광고판을 들고 춤을 춘다. 광대들이 으레 그렇게 하듯이 클리셰 같은 춤을 춘다. 익명의 광대인 아서에게 그의 이름 같은 것은 중요하지 않다. 춤을 추던 아서는 이내 소년들에게 광고판을 빼앗긴다. 그리고 도망가는 소년들을 쫓아갔다가 흠씬 두들겨 맞기만 한다. 뉴스에서 이야기하던 쥐가 들끓는 고담시의 골목에 누워있는 아서 위로 '조커'라는 그가 새로이 얻게 될 이름이 떠오른다. 그는 광대 분장에 감추어진 익명성을 뚫고 나와 조커라고 불리게 된다. 그의 새로운 이름은 그가 자신의 몸짓을 얻어가는 과정에서, 그러니까 그가 그 자신이 되어가는 바로 그 과정에서 얻게 되는 이름이다.

아서는 자신을 강하게 만들어주는 총을 손에 넣고 나서 텔레비전에서 나오는 노래에 맞추어 몸을 자유롭게 흔들기 시작한다. 춤추는 직업으로서의 광대가 아니라 아서 그 자신으로서의 춤을 처음으로 추게 되는 것이다. 정해져 있는 움직임, 적당한 사람들의 주목과 도시의 삶에 거슬리지 않는 움직임으로부터 벗어나서 그는 처음으로 춤을 춘다. 그러나 아서의 첫 춤은 우발적으로 발사된 총에 의해 중지된다. 그리고 직업마저 잃고 난 뒤 두 번째 춤을 추는데, 이는 발작적인 그의 웃음을 이해하지 못하고 그를 조롱하고 괴롭힌 자들에게 실제로 총을 발사하고 난 뒤이다. 정신없이 달려 도착한 공중화장실에서 그는 불현듯 손의 떨림이 멈추는 것을 느끼고 마치 제의를 치르듯이 춤을 춘다. 무언가를 잊어버리고 싶은 사람처럼, 그리고 동시에 무언가를 기억 속에 새기는 사람처럼 그렇게 아서는 춤을 춘다.

아서의 제의적인 몸짓이 전달하는 것

아서의 몸짓은 자신의 어머니, 페니 플렉을 죽이고 나서 더 힘 있게 변한다. 그는 머레이쇼에 나갈 연습을 하면서 머리를 초록으로 물들이고 다시 영화의 첫 장면처럼 하얀 물감으로 얼굴을 그려나간다. 그리고 그의 하얀 얼굴 위로 집에 찾아온 동료 광대의 피가 흩뿌려진다. 그의 몸짓은 더 격렬해진다. 때로는 부드럽고 때로는 격렬하게 그는 자신이 매일 같이 걷던 계단 위에서 춤을 춘다. 그는 자신의 온 몸으로 자신의 생생한 움직임을 느낀다.

이렇게 누군가를 죽이고 자유롭게 움직이는 아서의 몸짓은 자신에게 가해지는 폭력과 구속으로부터 벗어남과 동시에 죽은 이들을 위해 추는 춤처럼 보인다. 그들을 죽이고 무아의 경지에서 추는 춤이면서 동시에 그는 자신이 죽인 이들에 대해 또렷한 생각을 가진다. 그들을 죽이고 난 뒤의 흥분은 그의 몸짓들 덕분에 차분해지고, 그는 자신의 생각을 '말할 수 있게' 된다. 말할 수 없는 것을 춤을 통해서 말할 수 있게 되는 것이다. 아서는 상담사에게 구토하듯이 웃음을 내뱉고는 말했다. '갈수록 세상이 미쳐가는 것 같아요.' 그렇지만 상담사는 그가 하는 말을 제대로 알아 들을 수 없었다. 고개를 끄덕이고 있었지만 사실 아서가 하고 있는 말은 허공으로 분해되었다. 고담시에서의 삶은 아서와 다를 바 없이 각박한 삶들로 빼곡이 채워져 있었다. 대부분의 사람들은 아서처럼 버스를 타고 도심을 떠나 먼 길을 돌아 집으로 가야하고, 그런 그들에게는 웃음의 여유는커녕 마음을 써 줄 수 있는 여유도 없다. 고담시의 대부분의 삶은 강도를 당한 광고판을 자신이 물어내야 하는 아서의 상황과 그리 다르지 않다. 그래서 상담자와 내담자 사이의 소통은, 늘 횟수와 시간기록으로 계산되고 몇 알의 약으로 세어지는 그러한 소통은 고담시의 삶에 변화를 가져오지 못했다.

그런데 아서는 춤을 통해 언어를 얻는다. 그는 토마스 웨인의 금융사에서 일하던 세 직원들에 대해 '시위를 시작하려고 죽인 것'이 아니라, 그들이 '못되게 굴었기' 때문에, '같잖은 것들이 까불어서' 죽였다고 말한다. 그는 춤을 통해서 언어를 부여받고, 그것을 통해 그들에게서 벗어난다. 아서의 말은 이제 사람들에게 전달되고, 그와 같은 수많은 사람들이 모두 거리로 나오기 시작한다. 그래서 자신이 존경하던 TV쇼의 진행자인 머레이 마저 죽인 아서는 자신과 똑같은 사람들, 자기들이 어쩌든 착한 아이처럼 고분고분할 거라고 생각하는 부자들에게 분노하는 사람들 사이에서 진정한 자유를 맛본다. 그들은 TV쇼와 같은 방식으로 소통하지 않는다. 그들은 모두 말로 표현할 수 없는 외로움과 고통, 그리고 참을 수 없이 분출되는 힘을 표현해야 하는 상황에 처해있고, 그것을 합리적이고 이성적인 말이 아니라 몸짓들의 분출을 통해서 표현한다.

춤이 허무는 경계

니체는 모든 춤에는 마술적이고 종교적인 의미가 있다고 말했다. 리듬을 몸의 움직임으로 전이시키는 일은 신에게 어떤 것을 기원하고 신과 가까워지기 위한 것일 때에도 일어나지만, 도리어 신의 격노를 자극하고자 할 때에도 일어난다. 발을 구르는 몸짓은 신들을 불러내어 그들에게 자신을 바치기도 하지만, 때로는 춤이 신들을 제압하기도 한다. 니체는 신이라는 형이상학적인 존재를 제압하는 것을 춤이라고 말하고 있는 것이다. 이제까지 신이라는 이름을 통해 지켜왔던 모든 가치들, 그런 가치들을 뒤집는 것, 그것이 바로 춤이다.

원시 민족들이 마취성 음료의 영향 아래에서 디오니소스적인 축제를 벌이는 것처럼 어떤 이들이 춤을 추고 있을 때, 그 자신을 건강하다고 여기는 사람들은 그들을 병에 걸린 사람을 보듯이 본다. 그리고 그들을 조소하거나 동정하면서 등을 돌린다. 니체는 그런 사람들 옆으로 작열하는 춤을 추는 삶이 지나갈 때 그들이 그토록 지키고 싶어 했었던 건강이 '얼마나 시체 같고 유령 같은지' 전혀 눈치 채지 못한다고 말한다. 춤을 추는 자는 걷는 법과 말하는 법을 잃어버린 자이지만 동시에 춤추며 허공으로 날아오르는 자이다. 그는 마법에 걸려 있는 그런 몸짓으로 스스로를 신으로 느끼고 꿈속에서 신들이 소요하는 것을 본 것처럼 그 자신도 황홀한 상태로 고양된다. 그래서 니체는 말한다. '인간은 더 이상 예술가가 아니다. 그는 예술작품이 되어버린 것이다.'

아서의 몸짓은 니체가 말하는 이러한 춤, 현실과 꿈의 경계를 허물고 세상의 가치들을 허물어뜨리는 그런 춤과 닮아 있다. 아서가 끝내 자신의 노트 속에서 꺼내어 놓지 못한 농담은 이것이다. '정신 질환의 가장 나쁜 점은 사람들이 당신이 그것을 가지고 있지 않은 것처럼 행동하길 바란다는 점이다.' 사람들은 병을 가진 그를 동정하면서 동시에 등을 돌린다. 그들은 언제나 그가 '정신 질환이 없는 것처럼' 행동할 때에만 그에게 동정심을 보이는 것이다. 그들이 지키고 싶어 하는 삶, 정의와 질서가 있는 도시 안에서 안전이 보장되어 있는 삶, 그 삶은 얼마나 다른 이들에게 시체 같고 유령 같은 것인가. 그들은 아무런 영혼 없이 도시의 빈민층을 구원하겠노라고 말한다. 그러나 고담시에서 비상사태를 해결하기 위해 가장 먼저 한 일은 복지 예산을 줄이는 일이다. 그래서 상담사는 아서에게 말한다. '당신 같은 사람한텐 아무도 관심 없어요. 나 같은 사람에게도요.' 상담사의 언어도 아서의 말처럼 공중에서 분해되어버리고 마는 그런 언어였던 것이다.

아서는 그가 속한 도시에서 걷는 법과 말하는 법을 잃어버린 사람이지만 모든 가치들, 그러니까 도덕과 법이라는 질서로부터 벗어나 그 자신에게 자유로운 몸짓을 선물한다. 그는 날아오르게 된 것이다. 그는 더 이상 농담을 만드는 사람이 아니라 그 자신이 하나의 농담, 하나의 작품이 된다.

성경에는 모세가 시나이산에서 신에게 십계명을 받아 내려왔을 때 백성들을 보고 크게 분노했다는 이야기가 새겨져 있다. 모세가 떠난 뒤 광야에서 불안에 떨던 백성들은 금송아지를 만들어 그것을 신으로 숭배하게 되었던 것이다. 백성들은 금송아지를 위해 축제를 벌이고 그와 함께 무아지경으로 춤을 추었다. 모세는 그것을 보고 분노하여 신에게 받은 십계명을 던져서 부수어버린다. 이 모세의 이야기에서 의미심장한 것은 규율이 적힌 십계명과 혼란스러운 춤의 대비이다. 무아의 상태에서 광기에 휩싸여 춤을 출 때, 십계명이 적힌 석판은 이어붙일 수도 없이 깨어지게 된다는 것이다. 신이 다음 날 다시 십계명을 모세에게 주기 전까지 그들은 그 산산 조각난 십계명을 이어붙일 수 없었다. 무아에 빠져서 춤을 출 때 우리에게 하늘로부터 내려진 법 같은 것조차 부수는 일, 그런 일이 일어날 수 있는 것이다.

아서의 춤은 모세의 이야기에 등장하는 춤과 닮아있다. 아서는 어디까지나 범죄자이고 이 사회의 법과 질서를 혼란에 빠트리는 악인일 것이며, 그 때문에 갖은 종류의 약으로 통제되어야 하는 자이다. 그러나 아서는 약을 복용하는 일을 타의적으로 그만두게 되었을 때 점점 더 또렷한 생각을 가지게 된다. 그 결과는 여러 사람들의 죽음이지만 그는 그들과 함께 더욱더 힘찬 몸짓을 얻는다. 자신을 억누르기만 했던 사회의 질서, 선과 악이라는 하늘에서 내려온 것처럼 보이는 개념들이 산산조각 나고, 그는 스스로 선택하고 표현하는 자유를 얻는다. 우리는 그가 법과 질서에 반하여 사람들을 죽이고 무아의 상태에서 추는 춤이 누구보다도 그다운 춤이라고 느끼게 된다.

〈버닝〉 해미의 춤

〈조커〉와 동시대 영화인 〈버닝〉 역시 가장 그 자신다운 것을 춤으로 표현했다. 〈버닝〉에서 가장 느릿하고 길게 우리가 음미하며 바라볼 수 있도록 촬영된 장면은 해미가 춤을 추는 장면이다. 벤과 함께 종수가 사는 파주의 집에 온 해미는 함께 대마를 나누어 피우고 홀로 일어나 춤을 춘다. 해미가 춤을 추는 장면은 마치 환상처럼 모든 것들이 고요해지고 함께 있는 종수와 벤도 사라져버린 듯이 다가온다. 그녀는 지평선 저 멀리로 서울 가는 길이 보이는 집 앞 마당에서 때로는 날갯짓을 하듯이 때로는 허우적거리듯이 움직인다. 그리고 이내 허공을 바라보며 울음을 터트린다.

　　그녀의 춤은 아서의 춤이 그렇듯이 영화 안에서 가장 그녀다운 장면이다. 해미가 종수를 먼저 알아보고 건네는 말에도, 고양이가 있다는 그녀의 집에도, 그녀의 가족들에게도 그녀의 진짜 모습은 있지 않다. 언제나 종수의 시선을 통해, 또는 그녀 주변에 있는 사람들을 통해 표현되는 그녀의 모습은 어느 것도 진짜처럼 보이지 않는다. 그리고 해미의 언어로 표현되는 아프리카는 벤의 친구들의 웃음 앞에서 분해되어버린다. 그녀의 삶은 벤의 친구들의 손으로 맞춘 리듬에 맞추어 추는 춤처럼 어색한 리듬으로 나아가고 있었다. 종수도 해미에게 구원이 될 수는 없었다. 종수 역시 그녀를 이해해줄 수 없는 그녀 주변의 많은 사람들처럼 그녀를 대상화시켜 바라본다. 그가 사라지기 전 해미에게 한 마지막 말은 '남자 앞에서 옷을 벗고 춤추는 건 창녀나 하는 짓이야'였다.

　　아프리카의 해지는 사막 앞에서처럼, 처음에는 주황색이었다가 그 다음에는 피 같은 붉은 색이었다가 그러면서 보라색, 남색이었다가 점점 더 어두워지면서 사라진 모래 지평선의 노을 앞에서처럼 완전히 혼자라고 느꼈던 시간, 그 시간처럼 해미는 종수와 벤 앞에서 울음을 터트린다. 그녀는 오롯이 혼자이고, 그래서 자유롭게 춤을 추지만, 동시에 그녀가 딛고 설 바닥이 없이 허공에 떠다니는 존재라고 알려주는 자신의 목소리가 들렸던 것처럼 보인다.

　　해미는 춤을 추는 이 장면 이후로 사라져버린다. 그래서 그녀의 춤은 그녀가 스스로 곧 사라져버리게 될 것을 알고 있었던 것처럼 느껴지게 만든다. 그녀는 벤에 의해 세상에서 타서 소멸되고 말 하나의 비닐하우스일지도 모르지만, 그 자신은 이미 더 이상 이 세계에 발 디딜 곳이 없음을 알고 있었던 사람처럼 보이는 것이다. 이 모호하고 불확실한 존재인 그녀의 춤이 종수에게 그 필사적인 몸짓을 전한다.

이런 해미의 춤은 아서의 춤과 많이 다른 것일까? 해미는 아서처럼 누군가의 죽음을 위해 추는 것이 아니라 곧 사라져버리고 말게 될 자기 자신을 위해 춤을 추었다. 아서는 누군가를 죽이고 나서 자유로운 몸짓을 얻는다. 그의 춤은 그의 자유를 비추어준다. 그러나 그의 자유에도 그 자신의 홀로 있음이 동반되어 있다. 그는 홀로 있기 때문에 자유로울 수 있는 것이겠지만, 그가 갈구했던 것은 홀로 있음은 아니었을지 모른다. 어쩌면 해미와 아서, 두 사람은 모두 자신을 치유하고 싶었을 것이다. 키벨레 여신을 섬기는 사제들인 코리반테스는 아울로스와 북을 연주하면서 격렬하게 춤을 추는 의식을 행하는 자들이었다. 이들의 의식에 참여했던 사람들 가운데, 정신적으로 이상이 있는 사람들은 자신의 영혼을 벗어난 상태가 되어 깊이 잠에 빠졌다가 깨어나 치료가 되기도 했다고 한다. 어쩌면 그들이 추는 춤은 이러한 의식에 참여하는 정신적으로 문제가 있다고 여겨지는 자들처럼 절대로 진입할 수 없는 정상인의 세계라는 견고한 울타리 안으로 한 발자국 내딛고 싶은 절박한 마음과 맞닿아 있는 것이다. 그래서 아서의 춤과 지평선 너머로 지는 해를 바라보며 해미가 추는 춤, 그 자신을 애도하는 그와 그녀의 춤은 닮아 있다.

영화의 제의적 몸짓

영화에서 묘사되는 인물의 춤이 인상적인 작품으로 봉준호의 〈마더〉도 빠질 수 없다. 영화가 시작되면 영화 속 엄마는 벌판을 걸어와 춤을 추기 시작한다. 그녀는 그녀의 눈을 가리고 입을 막기도 하면서 무언가에 홀린 듯이 움직인다. 이후 엄마가 들판에 서는 장면에서 우리는 이 춤이 아들을 위해 무슨 일이든 다 하는 그녀가 모든 일을 끝마치고 처연하게 추는 춤이었음을 알게 된다. 그녀의 아들 도준이 살인 사건의 범인으로 구속되어 있는 동안, 그녀는 상가에 찾아가 '내 아들은 아니야!'라고 소리치기도 하고, 진범으로 의심되는 도준의 친구의 집에 숨어 들어 증거품을 수집해오기도 하고, 또 그 친구를 시켜 피해자와 성관계를 맺은 남자들을 추적하기도 한다. 그리고 결국 고물상을 하는 남자를 의심해 그를 만나러 갔다가 그가 도준이 저지른 살인의 목격자라는 것을 알고 죽이고 만다. 그녀는 바로 이때 영화의 오프닝에서 서게 되는 갈대가 흐드러진 들판으로 들어선다. 그래서 그녀의 들판에서의 춤은 살인 후 이루어진 제의처럼 보인다.

언제나 제의는 춤과 하나였다. 우리나라의 무속의식에서 살풀이춤은 살(煞)을 푸는 춤이다. 한 사람이 죽고 나면 사방으로 퍼지는 흉악한 기운을 무아지경의 춤으로 풀어내는 것이다. 자신을 놓아버리는 경지에서 어떤 알 수 없는 존재에 대하여, 그것을 내쫓기 위해서든 그것에 무언가를 기원하기 위해서든 추는 춤, 엄마는 그런 춤을 추고 있다.

이렇게 동네에서 '쌀떡소녀'라고 불리는 쌀을 받고 성관계를 하는 소녀의 죽음은 아들을 끔찍이 사랑하는 엄마에 의해 진실이 가려진다. 엄마의 이런 노력과 상관없이 도준은 새로운 범인이 잡히면서 풀려난다. 엄마가 만난 새로운 범인, 종팔이는 도준이보다 더 연약해 보이는 소년이었다. 엄마는 종팔이에게 묻는다. '너 부모님은 계시니? 엄마 없어?' 쌀떡소녀도, 고물상을 하는 남자도, 새로운 범인도, 그리고 자신의 아들 친구에게 돈을 뜯긴 그녀도, 누구도 불행하지 않은 자가 없다. 엄마는 자신의 아들과 너무도 비슷한 처지의 그 소년을 팔아넘기지 않고는 아들을 구할 수가 없다.

〈마더〉에서 엄마의 춤은 자신이 죽인 고물상 남자, 자신의 아들이 죽인 소녀, 자신의 아들의 죄를 뒤집어쓰게 된 소년, 그리고 아들에게 자신의 살인마저 들켜버린 자기 자신을 위한 춤이다. 그녀의 몸짓은 정말로 살을 풀어내는 몸짓이다. 그녀의 이러한 몸짓은 영화가 끝날 때 다시 집단적인 제의가 된다. 버스 안에서 어디에서 온 사람들인지 모르는 사람들이 집단적으로 추고 있는 춤은, 서로를 구해낼 수 없고 서로를 팔아넘기지 않으면 살아지지 않는 삶, 그런 삶들을 살고 있는 자들이 추는 사회적인 춤사위가 된다.

〈기생충〉의 선(線)과 제의

그렇다면 그들은 왜 춤을 출 수밖에 없는가? 영화를 통해 본 그들은 어떤 경계에 서 있는 것처럼 보인다. 아서는 브루스 웨인과 자신의 사이를 가로막고 있는 견고한 문 앞에 서 있다. 그런 웨인 가(家)의 문처럼 고담시를 움직이는 부유한 자들은 언제나 견고한 문 앞에서 자신의 안전을 지키고, 아서와 같은 자들에게는 그 밖에서 노력하며 살라고 충고한다. 〈버닝〉의 해미가 마주하는 경계도 그러한 것이다. 해미는 개인적으로도 사회적으로도 고립되어 있는 자이다. 아무도 그녀의 말을 귀 기울여 들어주지 않는다. 카드빚을 지고 도망 다니는 그렇고 그런 삶, 해미는 자신의 동료들에게도 그렇게밖에 여겨지지 않는다. 그녀를 고립시키는 사회의 벽들은 너무도 견고하여 그녀는 춤사위와 함께 소멸되어버리고 만다. 〈마더〉의 엄마도 도진의 사건을 통해 사회적인 선(線)과 마주한다. 그녀의 삶은 시골에 벤츠를 끌고 나타나 골프를 치는 교수들의 삶, 사법연수원 동기인 검사와 동창인 의사와 술을 마시며 자신이 수임한 사건의 처리를 논하는 변호사의 삶과는 다른 삶이다.

봉준호의 〈마더〉로부터 10년 뒤의 영화 〈기생충〉은 〈마더〉에서는 만나지지 않던 두 삶의 세계를 가르는 경계를 더 집요하게 파고든다. 〈마더〉에서는 도준과 교수들의 싸움을 말려주는 경찰이, 변호사와 엄마 사이의 경계선을 긋는 사무장이 두 세계를 평행선을 그리며 만나지지 않는 세계로 만들었다면, 〈기생충〉에서는 두 세계가 교묘히 한 공간 안에서 만나게 된다. 그리고 〈마더〉의 어머니와 아들처럼, 〈기생충〉의 가족들은 사문서 위조, 주거침입, 살인의 죄를 짓는 범죄자들이 된다.

　　법질서에 따라 실제로 저질렀다고 판정받는 그들의 범죄는 이러한 것들이다. 그들의 범죄의 대상은 박사장 가족에 대한 것들이다. 박사장 부부에게 학력을 속였고, 그들의 집에 침입하였고, 박사장을 살해했다. 그러나 우리는 그들이 짓밟고 일어서는 곳에 있는 것이 윤기사와 문광 부부라는 것을 안다. 윤기사를 내쫓아야지만 기택은 기사로 취직할 수 있고, 문광 부부를 희생시켜야지만 박사장의 집에서 살아남을 수 있다. 그들은 절대로 서로 공존하며 살아갈 수 없다. 이렇게 〈기생충〉에서 선은 명확하게 그어진다. 서로 공존할 수 있고 경계를 넘어서 자신의 세계를 침범해오는 것들을 얼마든지 쳐낼 수 있는 박사장네 세계와, 공존할 수 없고 언제나 침범해오는 것들을 제거하지 않고는 살아남을 수 없는 세계.

　　기택을 피할 수 없는 감정에 휩싸이게 만든 것. 그것은 바로 두 세계의 경계이다. 그는 박사장 부부가 자신의 흉을 보는 것도, 자신의 집이 물에 잠긴 것도, 대피소에서 구호물품을 뒤져 옷을 찾아 입고 파티 심부름을 해야 하는 것도 그런대로 참을 만했다. 심지어 그는 칼에 찔린 자신의 딸을 두고 박사장이 다송이만 데리고 병원에 가자고 할 때 순순히 자동차 키를 건네주기도 했다. 그렇지만 자신의 아내를 죽이려고 달려들었던 문광의 남편 밑에 깔린 키를 빼내며 코를 움켜잡는 박사장의 모습을 보고 기택은 참을 수 없게 된다. 박사장이 위급한 순간에 자신의 아들만 챙긴 것, 칼에 찔린 아들의 가정교사는 거들떠보지도 않은 것, 그런 것들보다 그를 정말로 미치도록 절망에 빠트린 것은 바로 그 견고한 경계, 냄새조차 넘어오지 않기를 바라는 그 경계이다.

인디언 추장의 모자를 쓰고 깃털을 휘날리며 벌이는 느릿한 마지막 사건의 휘몰아침은 마치 하나의 축제처럼 보인다. 문광의 남편이 칼을 들고 뛰어들지만 않았으면 계획한대로 전개되었을 축제. 기정이 다송의 케이크를 들고 행진을 하면 인디언 도끼를 휘두르며 기택과 박사장이 습격하고 정의의 인디언 다송이 등장하여 도끼로 반격하는 것이 본래 축제의 전개였다. 칼을 휘두르며 나타난 문광의 남편과, 꼬챙이로 그를 무찌르는 충숙과, 박사장에게 달려드는 기택이 벌이는 이 축제에는 더 이상 악당과 영웅이 없을 뿐이다. 〈마더〉의 엄마가 추는 춤처럼 그들은 느린 몸짓으로 죽음의 제의를 주제한다. 언어를 뛰어넘어 전달되는 움직임들, 〈기생충〉은 〈마더〉처럼 그것을 담고 있다.

그들의 몸짓이 우리에게 남기는 것

〈기생충〉에서 박사장은 IT업계 회사를 가지고 경제지에 얼굴이 실릴 정도로 성공한 사업가로 등장한다. 영화 속에서 그는 어떤 위법이나 탈법을 저지르고 부정한 방식으로 재산을 증식한 사람으로 묘사되지 않는다. 그는 우리가 익히 들어 알고 있는 재벌 3세들의 갑질과 같은 것들도 하지 않는다. 박사장은 단지 기택이 자신이 그어놓은 선을 넘어 하는 질문들, '그래도 사랑하시죠?'나 '어쩌겠습니까? 사랑하시는데'와 같은 말들에 이보다 더 나아가면 해고를 해야겠다고 생각할 뿐이다. 선을 넘지 않으면서 운전을 하고 심부름을 할 사람은 얼마든지 있으니까.

그런 의미에서 박사장은 〈버닝〉의 벤과 닮아 있다. 벤은 무슨 일을 하냐고 묻는 종수의 질문에, '얘기해도 잘 모르실건데, 간단히 말하면 그냥 노는 거예요'라고 답한다. '요즘은 노는 것과 일하는 게 구분이 없어졌거든요'라고 덧붙이면서. 마치 종수는 이 세계의 현재를 살고 소유하고 있는 사람이 아닌 것처럼, 그래서 모르는 것처럼 그렇게 구분 짓는다. 〈버닝〉에서 종수는 해미에게 자신에게도 그랬듯이 벤이 해미에게도 경계를 분명히 하고 있다는 것을 알리고 싶어 한다. 종수는 해미에게 묻는다. '저 사람이 너를 왜 만나는 것 같아? 그것에 대해서 생각해본 적 있어?' 해미는 종수에게 답한다. '오빠가 나 같은 사람

좋아한대. 흥미 있대.' 종수는 벤이 해미에게 한 말에서 '너 같은 사람'이라는 자신과 구분 짓는 말을 읽어내고 해미는 아마도 그것을 눈치 채지 못했을 것이라고 생각한다. 모호한 '너 같은 사람'이라는 표현에서 종수는 자신이 보고 싶은 것을 본다. 하지만 해미는 춤을 춘다. 그녀는 그런 구분 짓는 언어들 속에서 자신을 발견하는 것 자체를 거부한다. 해미에게 벤은 스스로 그어 놓은 경계 때문에 자신을 이해하지 못하고 있는 것이 아니다. 해미에게는 종수도 벤도 다른 사람들과 똑같이 진정으로 자신을 이해해 줄 수 있는 사람들이 아닌 것이다. 벤에게 사로잡힌 것은 오히려 종수이다. 해미의 몸짓은 바로 그 지점에서 타오르고 사라진다. 누구에게도 자신의 말이 전달되지 않을 때, 모두가 그녀를 대상화하려고만 할 때 그녀는 춤을 춘다.

고담의 시민들도 다르지 않다. 〈조커〉에는 아서에게 폭력을 가하는 악인들도 존재하지만 부유하고 평범한 시민들도 등장한다. 그들은 그럴듯한 직업을 가지고 찰리 채플린의 영화를 보면서 박수 치지만, 자기보다 약한 사람을 마주했을 때 언제든지 조롱할 준비가 되어 있는 자들이다. 토마스 웨인은 자신의 금융사 직원들이 살해당한 뒤 인터뷰에서 이렇게 말한다. '그런 종류의 사람들이 변해야 합니다. 아니면 노력해서 성공한 우리들 눈에 그런 비열한 자들은 한낱 광대에 불과하죠.' 시장에 출마해서 비상사태의 시를 올바른 길로 인도하겠다고 말하면서 변해야 하는 것은 '그런 종류의 사람들'이라고 선을 긋는 것이다. 그는 그 뒤에도 별로 달라지지 않은 채로 말한다. '문제가 있는 사람들이고 빈곤을 벗어나 사람답게 살도록 돕겠습니다. 그래서 출마를 결심했고 그들은 제가 그들의 유일한 희망이라는 걸 깨닫게 될 겁니다.' 그에게 더욱더 늘어나고 있는 광대 마스크를 쓴 시위대들은 모두 '문제가 있는 사람들'일 뿐인 것이다. 아서는 토마스 웨인을 찾아가 말한다. '나는 도무지 왜 다들 이렇게 무례한지 모르겠어요. 당신도요.' 그들은 사실 아무런 존중도 하지 않는 무례한 말을 아무런 죄책감 없이 내뱉으면서 그 사실을 인지하지도 못하는 것이다.

　이런 세계에서 그들을 이해한다고 말해줄 어떤 이도 없이 아서와 해미는 춤을 춘다. 그들은 딛고 설 바닥없이 허공에 떠있는 상태로 춤을 추고 있는 것이다. 〈기생충〉의 마지막 장면이 보여주고 있는 제의의 몸짓도 이들이 표현하고 있는 것과 다르지 않다. 견고한 그들의 경계 너머로 발을 뻗어 허우적거린다. 그들의 지반 없는 삶, 그것이 하나의 제의의 몸짓으로 표현되고 있다. 그들의 몸짓은 마치 금송아지 주변을 돌며 춤을 추는 자들에 의해 십계명을 새긴 석판이 깨어지듯이 우리 안에 있는 선과 악, 사회의 질서와 법을 깨부순다. 아서처럼 그들은 어디까지나 범죄자일 것이다. IT업계 CEO를 살해하고 도주한 자, 사문서를 위조한 자, 주거침입을 한 자. 그들은 법과 질서에 혼란을 가져올 뿐인 자들이다. 그러나 우리는 그들이 벌이는 죽음의 제의 속에서 우리 안에 있는 법과 질서가 부수어지는 순간을 목격한다. 니체는 축제의 한 가운데에서는 적을 향해 온갖 경멸스러운 것, 우롱할 만한 것, 조야한 것을 발산할 기회가 있었다고 말한다. 축제의 도취는 기존의 선과 악의 질서를 허물고 모든 격정들을 발산하여 자유롭게 해준다. 〈기생충〉의 몸짓은 바로 그러한 몸짓들이었다.

　〈기생충〉의 결말은 무척 쓸쓸하다. 기택은 여전히 그 집 지하에 숨어 기생하고, 기우는 아버지에게 보낼 수 없는 편지를 쓴다. 이룰 수 없는 유일한 방법을 꿈꾸면서. 벤을 그가 말한 비닐하우스처럼 태워버리는 종수의 결말도 마찬

가지이고, 정신병원에 갇힌 〈조커〉의 아서도 마찬가지이다. 그리고 여느 때처럼 닭을 찢어 아들 앞에 놓아두는 〈마더〉의 엄마도 그렇다. 그들의 삶은 그들의 격렬했던 몸짓들이 휩쓸고 지나간 그 자리에서 아무것도 달라지지 않은 채로 멈추어 있다. 그러나 그들의 몸짓들은 우리에게 질서를 부서트리는 도취의 순간들을 남긴다.

　도저히 말을 할 수 없는 그런 상황에 처할 때, 그럴 때는 힌트밖에 줄 수 없다. 소통의 언어를 쥐고 있는 사람들, 토론의 언어를 쥐고 있는 사람들이 말하는 정의와 질서는 오직 그들이 그어놓은 선 안에서만 의미가 있다. 그래서 그런 언어로는 도저히 가닿을 수 없을 때 영화는 춤의 언어로 힌트를 준다. 아서가 환상 속에서 추는 것 같은 춤, 해미가 홀로 있는 것처럼 보이게 만드는 그런 춤, 기택과 가족들의 느릿한 허우적거림들, 그런 비현실적인 영화적 순간들이 기반 없는 삶에 대한 힌트를 준다. 피나는 무대에서 배에 구멍에 난 듯이 죽었다 살아난 것처럼 움직였다고 한다. 그녀는 그런 움직임을 통해 고통과 힘, 그리고 외로움을 전달했다. 영화 속 제의적인 몸짓들은 피나의 언어와 같다. 그들이 전달하고 있는 고통과 힘, 외로움들은 우리에게 완전히 다른 언어로 말을 걸어온다. 그 언어는 선택되는 것이기도 하지만 불가피한 것이기도 하다. 그들은 사회의 언어로 표현할 수 없는 상황에 있기 때문이다. 그래서 그런 영화적 순간들을 통해 우리 역시 조커가 스스로 이름을 얻듯이 새로운 이름들을, 언어들을 얻을 수 있다. 그 영화적 언어는 소통될 수 없는 언어이지만 분명히 소통될 수 없는 그 무언가를 전달하고 있기 때문에.

[단평] 〈벌새〉와 반복의 역사

강선형

〈벌새〉는 '1994, 서울'이라는 자막과 함께 시작하여 1994년의 은희의 삶의 한 시기를 담담하게 그려나간다. 영화는 그것이 어디로 나아갈 것인지 잘 보여주는 상징적인 장면으로 시작한다. 암전이 풀리고 주인공 은희는 계속 초인종을 누르며 엄마를 부른다. 은희의 목소리는 신경질적으로 변하고, 그러다가이내 은희는 깨닫는다. 자신이 누르고 있는 초인종이 902호였다는 것을. 은희의 집은 1002호다. 은희가 들어간 뒤 닫힌 1002호 앞에서 프레임에 담긴 세계는 확장된다. 1002호에서 위아래 집으로, 그리고 아파트 전체로. 그렇게 은희의 삶은 1994년을 지나온 모든 이들의 삶으로 확장된다. 영화는 은희의 삶이친구에서, 선생으로, 언니로, 그런 같은 시간을 살았던 사람들에게서 또 다시모든 사람들에게로 확장될 것이라는 것을 이 장면으로 암시하고 있다.

하나의 삶이 모든 이들의 삶으로 확장된다는 것은 어떤 의미일까? 단지은희의 삶을 보고 자신의 흔들리던 삶의 시기를 떠올리며 감정이입 또는 공감을 한다는 것일까? 어쩌면 하나의 삶이 그 자체로 반복될 수 있다는 것을 의미할 수 있지 않을까? 우리는 에드워드 양의 〈하나 그리고 둘〉에서 그런 반복을발견할 수 있다. 〈하나 그리고 둘〉에는 가족들의 독립적인 이야기들을 우연히만나게 하는 어떤 순간이 있는데, 바로 난쥔이 루이를 만나는 순간이다. 난쥔은오래 전 그의 첫사랑이었던 루이를 만나 도쿄의 낯선 밤거리를 걷는다. 루이는그들의 첫 데이트를 회상하면서 너무 긴장해서 딸국질을 했었다고 말한다. 난쥔은 너무 긴장해서 왜 딸국질을 하냐고 묻지도 못했다고 답하며 웃는다. 이렇게 난쥔과 루이가 도쿄의 밤거리를 걷고 있는 그 시간, 난쥔의 딸 팅팅은 뚱보와 타이페이의 밤거리에서 첫 데이트를 한다. 난쥔과 루이는 또 말한다. '처음손잡았을 때, 영화 보러 가려고 철길을 건너던 중이었잖아. 당신 손을 잡았는데

내 손에 땀이 흥건해서 어찌나 부끄럽던지.' 철길 앞에 서 있는 난쥔과 루이는 다시 신호등 앞에 서 있는 팅팅과 뚱보와 겹쳐진다.

난쥔과 루이의 이야기는 팅팅뿐만 아니라 그의 아들 양양에게도 이어진다. '초등학교 때부터야. 그때부터 짝사랑이 시작된 거지. 이상하게 매일 당신이 보고 싶더라. 하루라도 못 보면 종일 기분이 안 좋았어. 그래서 그렇게 멍하니 쳐다봤어.' 그리고 양양은 수영장에서 좋아하는 소녀를 멍하니 바라본다. 양양은 변기에 발을 딛고 세면대에 채워놓은 물에 얼굴을 담그고 소녀가 물속에서 보았던 것을 찾는다.

〈하나 그리고 둘〉의 사랑의 역사는 이렇게 반복된다. 전혀 다른 얼굴을 하고서, 다른 공간과 다른 시간에서, 그럼에도 겹쳐지고 옆에 놓여 반복된다. '당신이 방에서 나갔을 때 더는 나를 사랑하지 않을 줄 알았어.' 호텔에서 겁이나 도망쳐 버린 난쥔에게 루이가 했던 말은 팅팅의 감정이 되고. 그렇게 난쥔과 루이의 사랑의 실패의 역사는 팅팅의 사랑의 실패의 역사가 된다. 『잃어버린 시간을 찾아서』에서 프루스트가 보여주었던 것처럼 그렇게 사랑의 실패의 역사는 반복된다. 마르셀의 사랑의 실패는 어렸을 적 어머니의 키스를 기다리며 잠들었던 그의 사랑의 실패보다 훨씬 전에 있던 스완의 사랑의 실패에 기원을 둔다. 그는 스완처럼 사랑을 시작할 때 '사랑이 달아나기 시작하는 것처럼 느껴지면 주의를 게을리 하지 말고 곧 사랑에 매달려 붙잡아야겠다'고 맹세하고, 또 사랑이 끝날 때 '그녀에 대한 사랑이 약화되면서 동시에 사랑하는 사람으로 남고 싶은 욕망도 약해지는' 것을 느낀다. 전혀 다른 시간 속에서 스쳐지나가듯 지나갔던 사람의 사랑의 실패가 나에게서 반복되는 일, 그런 반복의 역사가 여기에도 있다.

무언가가 완전히 다른 모습을 하고 전혀 다른 공간에서, 전혀 다른 시간에 반복될 수 있다면, 〈벌새〉의 역사도 그런 것이 아닐까? 〈벌새〉의 배경인 1994년 느닷없이 모두들 출근하고 등교하는 일상 속에서 갑자기 무너져 내린 성수대교는, 현재 우리에게 다른 얼굴을 하고서 반복되는 무수한 역사들, 일상의 균열을 가져오는 그런 역사들을 알려온다. 반복의 역사에서 중요한 것은 그것이 언제나 처음처럼 되풀이된다는 것이다. 성수대교가 남긴 국가적인 트라우마는 전혀 새로운 모습으로, 새로운 강도로 반복된다. 그래서 〈벌새〉의 은희의 삶은 우리들의 삶으로 확장된다. 단순히 은희의 삶에 공감하거나 과거에 지나간 시간을 회상하는 것이 아니라, 그 자체가 바로 지금 현재에 반복되고 있다고 느끼는 방식으로 그렇게 된다. 전혀 다른 공간에서, 전혀 다른 시간에, 완전히 새로운 방식으로 우리에게 경험되는 것이다.

　　이런 역사의 반복은 단지 현재에 비추어 과거의 유사한 사건을 찾아내는 일, 그런 일이 아니다. 그렇기 때문에 우리는 아무리 유사한 사건을 역사책 속에서 찾아내어도 우리 사건의 결말을 예측해낼 수 없는 것이다. 영화의 끝에서 은희가 마주할 미래의 삶은 그런 예측할 수 없지만 반복되는 역사들을 딛고 사는 그런 삶이다. 전혀 다른 얼굴을 하고 찾아올 역사들을 마주하여 또 다시 딛고 살아가야 하는 것이다. 늘 처음과 같은 슬픔 앞에서 울지 않을 수 없는 것이 우리의 삶이 아닌가. 그러나 그렇기 때문에 은희에게 남긴 영지의 편지 속에 담긴 말, '세상은 참 신기하고 아름답다'는 말은 그 자체로 새롭게 반복될 수 있다. 난쥔과 루이의 말들이 공기 중에 부유하고. 그것이 팅팅과 양양에게서 새롭게 반복되는 것처럼, 1994년에 영지가 남긴 말은 지금의 은희들에게 동일하고 새로운 울림으로 반복되는 것이다. 우리가 딛고 있는 역사의 반복들 위에서 우리는 그 말을 다시 새롭게 듣는다. '세상은 참 신기하고 아름답다.'

평론가의 등장
- 강선형의 "영화의 제의적 몸짓에 관하여"
그리고 "〈벌새〉와 반복의 역사"-

박태식 신부
(영화평론가/성공회대 교수)

영화를 읽는 방법은 셀 수 없이 많으나 그중 가장 뛰어난 한 가지는 있을 리 없다. 또한 그런 식으로 영화평의 우와 열을 요구하는 풍조가 있다면 단연코 배격해야 한다. 영화란 감독의 것이기도 하지만 또한 관객의 것이며, 모든 관객은 자기 기준으로 영화를 보기 때문이다. 영화평에 왕도는 존재하지 않는다. 그렇다면 평론가의 영화평은 과연 어디에서 그 변별력을 찾을 수 있을까? 작고하신 춤 평론가 조동화 선생님의 지론에 따르면 평론가란 '고급관객'이다. 관객들 중에서도 작품의 깊이까지 들여다 볼 수 있는 눈을 가졌다는 의미에서 고급관객이다. 강선형의 글이 '탄츠테아터Tanztheater'의 창시자인 무용가 피나 바우쉬로 시작했으니 나도 거기에 슬쩍 한 마디 얹었다.

강선형의 글 "영화의 제의적 몸짓에 관하여(장평)"와 "〈벌새〉와 반복의 역사(단평)"에서 받은 일차적 인상은 순간순간 찾아오는 느낌을 좇기보다 영화를 구성하는 요소들을 파악하려 노력했다는 점이다. 그 중에서도 표현방식에 집중하고 있다. 이를테면, 토드 필립스 감독의 〈조커〉(2019)에서 주인공 아서는 몇 번의 춤을 추는데, 그 춤들은 각각의 앞뒤 맥락을 부드럽게 담아내 관객에게 전달한다. 특히, 어머니를 살해하고 나서 "자유롭게 움직이는 아서의 몸짓은 자신에게 가해지는 폭력과 구속으로부터 벗어남과 동시에 죽은 이들을 위해 추는 춤처럼 보인다." 그렇게 쌓인 춤들이 모이고 모여 "자신을 억누르기만 했던 사회의 질서, 선과 악이라는 하늘에서 내려온 것처럼 보이는 개념들이 산산조각 나고, 그는 스스로 선택하고 표현하는 자유를 얻는다." 말하자면 춤이라는 작은 요소들이 모여 큰 이야기를 구성하는 셈이다. 영화 〈조커〉의 깊이를 이해하기에 매우 적당한 구조를 파악해낸 것이다

영화를 읽는 강선형의 방법은 〈버닝〉(2018)과 〈마더〉(2008)와 〈기생충〉(2019)에도 적용돼, 〈조커〉에서 표현된 서술방식이 비단 〈조커〉에 그치는 것이 아니라 광범위하게 발견된다는 사실을 증명한다. "그런 영화적 순간들을 통해 우리 역시 조커가 스스로 이름을 얻듯이 새로운 이름들을, 언어들을 얻을 수" 있는 것이다.

강선형은 난해한 영화이론으로 무장하지 않았으며, 귀를 현혹시키는 현란한 말솜씨를 자랑하지 않았고, 지식을 과시하느라 여기저기 기웃거리지도 않았으며, 오히려 이론전개에 필요한 만큼만 정보를 가져다 사용했다. 그 점 칭찬할 만하다.

나를 비롯하여 치열하게 함께 논의하였던 김시무·지승학 영화평론가는 강선형이라는 좋은 재목을 발견했다는 데 의견의 일치를 보았다. 건투를 빈다.

그럼에도 불구하고 멋진 글을
쓸 수 있을 것이다

강선형

스스로에게 재능이 없다는 사실을 새삼스럽게 깨달을 때마다 위로가 되는 말이 있었습니다. '예민한 감성을 가지고 태어났지만 상상력이 부족한 사람은 그럼에도 불구하고 멋진 소설을 쓸 수 있을 것이다.' 프루스트가 타고난 재능에 대해서 말한 것도 아니고, 제가 소설을 쓰는 것도 아니었지만, 늘 저에게는 마음속에 깊이 남아있던 구절입니다. 상상력이 풍부하여 하나의 세계를 창조해낼 수 있는 사람, 그런 사람은 될 수 없더라도 예민한 감성을 가지고 또 다른 예민한 감성들에 호소하는 글을 쓰는 사람이 될 수는 있는 것이 아닐까, 그런 생각을 하면서 영화를 사랑해오지 않았나 생각합니다. 또 하나 생각나는 장면도 있습니다. 〈매드맨〉이라는 드라마에서 어머니가 딸에게 하는 말입니다. '예술가적 기질만 있고 예술가가 아니라 불행하다.' 저는 아마도 프루스트의 말과 이 어머니의 말 사이에 서 있는 사람 같습니다. 영화를 사랑하고 또 그만큼 표현하고 싶은 것도 많은 사람이지만 어쩌면 예술가는 못되는 사람 같다고 자책하면서, 위로와 자책이 사이에서 늘 방황하고 있는 중입니다. 이번 수상은 그래서 저에게 의미가 깊습니다. 조금 더 용기를 가지라고 주신 상이라고 생각하고, 더 좋은 글을 쓰는 사람이 되도록 노력하겠습니다. 감사합니다.

KOREAN

FILM

CRITIQUES

Korean Film Critiques

부록

1~40회 영평상 시상 내용 및
영평 선정 한국영화 목록

- 해당 내용은 영화진흥공사 편 『한국영화연감』, 각종 신문자료, 영평 홈페이지, 영평 회원의 개인 소장 자료 등을 바탕으로 작성되었다.
- 시상의 내역과 명칭 등은 해당 연도에 사용한 것을 유지하고자 하였다.

제1회 영평상
1980.12.5. 15:00 / 영화진흥공사 시사실

1. 작품상 : 〈사람의 아들〉 (합동영화주식회사)
2. 감독상 : 유현목 (〈사람의 아들〉)
3. 여자연기상 : 장미희 (〈느미〉)
4. 남자연기상 : 최불암 (〈최후의 증인〉)
5. 각본상 : 해당작 없음
6. 촬영상 : 정일성 (〈사람의 아들〉)
7. 음악상 : 한상기 (〈뻐꾸기도 밤에 우는가〉)
8. 기술상(조명) : 고해진 (〈사람의 아들〉)
9. 신인상 : 정한용 (〈외인들〉)
10. 심사위원 특별상 : 정진우 (동시녹음)
11. 최우수 외국영화상 : 〈크레이머 크레이머〉 (세기흥업주식회사)

제2회 영평상
1981.12.10. 14:00 / 영화진흥공사 시사실

1. 작품상 : 〈세 번은 짧게 세 번은 길게〉 (동아수출공사)
2. 감독상 : 김호선 (〈세 번은 짧게 세 번은 길게〉)
3. 여자연기상 : 우연정 (〈그대 앞에 다시 서리라〉)
4. 남자연기상 : 전무송 (〈만다라〉)
5. 각본상 : 윤삼육 (〈피막〉)
6. 촬영상 : 정일성 (〈만다라〉)
7. 기술상(편집) : 이경자 (〈피막〉)
8. 신인상 : 나영희 (〈어둠의 자식들〉)
9. 최우수외국영화상 : 〈테스〉 (남아진흥주식회사)

제3회 영평상

1983.3.20. 18:00 / 영화진흥공사 시사실

1. 최우수 작품상 : 〈꼬방동네 사람들〉 (현진영화사)
2. 감독상 : 배창호 (〈꼬방동네 사람들〉)
3. 특별공로상 : 석금성 배우
3. 여자연기상 : 나영희 (〈백구야 훨훨 날지마라〉)
4. 남자연기상 : 안성기 (〈오염된 자식들〉)
5. 각본상 : 송길한 (〈백구야 훨훨 날지마라〉)
6. 촬영상 : 정광석 (〈꼬방동네 사람들〉)
7. 음악상 : 김영동 (〈오염된 자식들〉).
8. 기술상 : 해당자 없음
9. 신인상 : 해당자 없음
10. 심사위원특별상 : 해당자 없음
12. 최우수외국영화수입상 : 〈클로스 인카운터〉 (남아진흥주식회사)

제4회 영평상

1984.6.15. 18:30 / 영화진흥공사 시사실

1. 최우수 작품상 : 〈고래사냥〉 (삼영필름)
2. 감독상 : 배창호 (〈고래사냥〉)
3. 여자연기상 : 원미경 (〈여인잔혹사 물레야 물레야〉)
4. 남자연기상 : 안성기 (〈안개마을〉)
5. 각본상 : 임충 (〈여인잔혹사 물레야 물레야〉)
6. 촬영상 : 이성춘 (〈여인잔혹사 물레야 물레야〉)
7. 음악상 : 해당자 없음
8. 기술상 : 해당자 없음
9. 신인상 : 이보희 (〈바보선언〉)
10. 심사위원 특별상 : 해당자 없음
11. 최우수 외국영화상 : 〈이웃집 여인〉 (우진필름)

제5회 영평상
1985.5.29. 18:00 / 영화진흥공사 시사실

1. 최우수 작품상 : 〈깊고 푸른 밤〉 (동아수출공사)
2. 감독상 : 정진우 (〈자녀목〉)
3. 각본상 : 윤삼육·허진 (〈사약〉)
4. 여자연기상 : 이미숙 (〈그해 겨울은 따뜻했네〉)
5. 남자연기상 : 하명중 (〈땡볕〉)
6. 촬영상 : 정광석 (〈깊고 푸른 밤〉)
7. 기술상 : 해당자 없음
8. 음악상 : 해당자 없음
9. 신인상 : 조용원 (〈땡볕〉)

제6회 영평상
1986.6.10. 18:00 / 영화진흥공사 시사실

1. 최우수 작품상 : 〈봉〉 (태창흥업)
2. 감독상 : 임권택 (〈길소뜸〉)
3. 여자연기상 : 이미숙 (〈봉〉)
4. 남자연기상 : 이대근 (〈봉〉)
5. 각본상 : 송길한 (〈길소뜸〉)
6. 촬영상 : 전조명 (〈밤의 열기 속으로〉)
7. 음악상 : 김정길 (〈길소뜸〉)
8. 신인감독상 : 곽지균 (〈겨울 나그네〉)
9. 특별상 : 〈어미〉 (황기성사단)

제7회 영평상
1987.5.27. 19:00 / 영화진흥공사 시사실

1. 최우수 작품상 : 〈티켓〉 (지미필름)
2. 감독상 : 임권택 (〈티켓〉)
3. 여자연기상 : 김지미 (〈티켓〉)
4. 남자연기상 : 신성일 (〈레테의 연가〉)

5. 각본상　：최금동 (《중광의 허튼소리》)

6. 촬영상　：구중모 (《씨받이》)

7. 음악상　：정성조 (《레테의 연가》)

8. 특별상　：강대진 (감독) (《마부》)

9. 특별상　：강수연 (배우) (《씨받이》)

제8회 영평상
1988.5.26. 19:00 / 한국프레스센터

1. 최우수 작품상　：〈우리는 지금 제네바로 간다〉 (대경필름)

2. 감독상　：송영수 (《우리는 지금 제네바로 간다》)

3. 여자연기상　：이보희 (《접시꽃 당신》)

4. 남자연기상　：유인촌 (《연산일기》)

5. 각본상　：배창호 (《기쁜 우리 젊은 날》)

6. 촬영상　：박승배 (《나그네는 길에서도 쉬지 않는다》)

7. 음악상　：신병하 (《접시꽃 당신》)

8. 특별상　：이태원 (제작) (《기쁜 우리 젊은 날》, 《미미와 철수의 청춘스케치》 등)

9. 특별상　：이규형 (신인) (《미미와 철수의 청춘스케치》)

제9회 영평상
1989.5.30. 19:00 / 한국프레스센터

1. 최우수 작품상　：〈서울 무지개〉 (극동스크린)

2. 감독상　：김호선 (《서울 무지개》)

3. 특별 공로상　：故 김소동 감독

4. 여자연기상　：강수연 (《아제 아제 바라아제》)

5. 남자연기상　：박중훈 (《칠수와 만수》)

6. 각본상　：장선우 (《성공시대》)

7. 촬영상　：서정민 (《서울 무지개》)

8. 음악상　：김정길 (《아제 아제 바라아제》)

9. 기술상(녹음)　：김병수 (《아제 아제 바라아제》)

9. 신인감독상　：박광수 (《칠수와 만수》)

10. 신인연기상　：진영미 (《아제 아제 바라아제》)

제10회 영평상

1990.5.1. 19:00 / 한국프레스센터

1. 최우수 작품상 : 〈청송으로 가는 길〉 (두성영화)
2. 감독상 : 이두용 (《청송으로 가는 길》)
3. 여자연기상 : 강수연 (《추락하는 것은 날개가 있다》)
4. 남자연기상 : 박중훈 (《우묵배미의 사랑》)
5. 각본상 : 권재우 (《수탉》)
6. 촬영상 : 유영길 (《우묵배미의 사랑》)
7. 음악상 : 강인원 (《비오는 날의 수채화》)
8. 기술상(음향효과) : 양대호 (《코리아 커넥션》)
9. 신인상 : 강우석 (감독) (《행복은 성적순이 아니잖아요》)
10. 신인상 : 이미연 (여자연기) (《행복은 성적순이 아니잖아요》)
11. 신인상 : 이경영 (남자연기) (《구로 아리랑》)
12. 심사위원 특별상 : 〈달마가 동쪽으로 간 까닭은〉
13. 특별상 : 이태원 (태흥영화사)

제11회 영평상

1991.11.30. 17:30 / 한국프레스센터

1. 최우수 작품상 : 〈그들도 우리처럼〉 (동아수출공사)
2. 감독상 : 박광수 (《그들도 우리처럼》)
3. 특별공로상 : 신성일 성일시네마트 대표・황기성 황기성사단 대표
4. 여자연기상 : 이혜숙 (《은마는 오지 않는다》)
5. 남자연기상 : 이영하 (《단지 그대가 여자라는 이유만으로》)
6. 각본상 : 이명세 (《나의 사랑 나의 신부》)
7. 촬영상 : 유영길 (《그들도 우리처럼》)
8. 음악상 : 김수철 (《그들도 우리처럼》)
9. 기술상(미술) : 도용우 (《장군의 아들》)
10. 신인감독상 : 황규덕 (《꼴지부터 일등까지 우리반을 찾습니다》)
11. 신인연기상 : 최진실 (《나의 사랑 나의 신부》)

제12회 영평상
1992.5.30. 16:00 / 한국프레스센터

1. 최우수 작품상 : 〈경마장 가는 길〉(태흥영화)
2. 감독상 : 장선우 (《경마장 가는 길》)
3. 특별공로상 : 이수석 동아수출공사 대표·이창근 원로 촬영기사
4. 여자연기상 : 윤정희 (《눈꽃》)
5. 남자연기상 : 문성근 (《경마장 가는 길》)
6. 각본상 : 박광수 (《베를린 리포트》)
7. 촬영상 : 정일성 (《경마장 가는 길》)
8. 음악상 : 장일남 (《피와 불》)
9. 기술상(편집) : 현동춘 (《사의 찬미》)
10. 신인감독상 : 김영빈 (《김의 전쟁》)
11. 신인연기상 : 이아로 (《천국의 계단》)

제13회 영평상
1993.5.21. 18:30 / 서울 하얏트호텔

※ 본 시상식부터 영평상의 상징이라 할 수 있는 수상자에 대한 시상자의 단평과 한 해의 주목할
　만한 영화 선정이 시작됨

1. 최우수 작품상 : 〈서편제〉(태흥영화)
2. 감독상 : 임권택 (《서편제》)
3. 여우주연상 : 심혜진 (《결혼 이야기》)
4. 남우주연상 : 김명곤 (《서편제》)
5. 각본상 : 홍기선 (《가슴에 돋는 칼로 슬픔을 자르고》)
6. 촬영상 : 정일성 (《서편제》)
7. 음악상 : 김수철 (《서편제》)
8. 기술상(미술) : 조융삼 (《첫사랑》)
9. 신인감독상 : 홍기선 (《가슴에 돋는 칼로 슬픔을 자르고》)
10. 신인상 : 오정해 (배우) (《서편제》)
11. 특별상 : 김희갑 원로 배우·도동환 대동흥업 대표

◆ 올해의 베스트 10 ◆

〈가슴에 돋는 칼로 슬픔을 자르고〉 (홍기선)
〈결혼이야기〉 (김의석)
〈그대안의 블루〉 (이현승)
〈미스터 맘마〉 (강우석)
〈서편제〉 (임권택)
〈우리들의 일그러진 영웅〉 (박종원)
〈웨스턴 애비뉴〉 (장길수)
〈장군의 아들3〉 (임권택)
〈첫사랑〉 (이명세)
〈하얀전쟁〉 (정지영)

제14회 영평상
1994.5.20. 18:00 / 서울 하얏트 호텔

1. 최우수 작품상 : 수상작 없음
2. 감독상 : 장선우 (《화엄경》)
3. 여우주연상 : 김서라 (《두 여자 이야기》)
4. 남우주연상 : 안성기 (《투캅스》)
5. 각본상 : 윤삼육 (《살어리랏다》)
6. 촬영상 : 유영길 (《화엄경》)
7. 음악상 : 이종구 (《화엄경》)
8. 기술상(조명) : 차정남 (《장미의 나날》)
9. 신인감독상 : 이정국 (《두 여자 이야기》)
10. 신인여우상 : 박선영 (《가슴 달린 남자》)
11. 신인남우상 : 김병세 (《장미의 나날》)
12. 특별상 : 스크린쿼터감시단 (정지영 대표 수상)

※ 10선 선정하지 않음

제15회 영평상
1995.5.19. 18:00 / 서울 프라자 호텔

1. 최우수 작품상 : 〈영원한 제국〉(대림영상)
2. 감독상 : 유현목 (《말미잘》)
3. 특별공로상 : 이창근 감독
4. 여자연기상 : 최명길 (《장미빛 인생》)
5. 남자연기상 : 안성기 (《영원한 제국》)
6. 각본상 : 육상효 (《장미빛 인생》)
7. 촬영상 : 전조명 (《영원한 제국》)
8. 음악상 : 황병기 (《영원한 제국》)
9. 기술상(편집) : 김현 (《게임의 법칙》)
10. 신인감독상 : 김홍준 (《장미빛 인생》)
11. 신인여우상 : 이지은 (《금홍아 금홍아》)
12. 신인남우상 : 이정재 (《젊은 남자》)
13. 감사패 : 이봉운 12대 영평 회장·박효성 삼호필름 대표

※ 10선 선정하지 않음

제16회 영평상
1996.5.31. 18:00 / 서울 프라자 호텔

1. 최우수 작품상 : 〈축제〉(태흥영화)
2. 감독상 : 박철수 (《학생부군신위》)
3. 여자연기상 : 방은진 (《301 302》)
4. 남자연기상 : 안성기 (《축제》)
5. 각본상 : 배창호 (《러브스토리》)
6. 촬영상 : 유영길 (《꽃잎》)·박희주 (《은행나무 침대》)
7. 음악상 : 옥길성 (《돼지가 우물에 빠진 날》)
8. 기술상(그래픽) : 신씨네 그래픽스 (《은행나무 침대》)
9. 신인감독상 : 홍상수 (《돼지가 우물에 빠진 날》)
10. 신인연기상 : 이정현 (《꽃잎》)
11. 특별상 : 기록영화 제작소 보임 (《낮은 목소리》, 변영주 대표 수상)

◆ 95·96 한국영화 베스트 10 ◆

〈301 302〉 (박철수)
〈개같은 날의 오후〉 (이민용)
〈꽃잎〉 (장선우)
〈내일로 흐르는 강〉 (박재호)
〈돼지가 우물에 빠진 날〉 (홍상수)
〈러브스토리〉 (배창호)
〈아름다운 청년 전태일〉 (박광수)
〈은행나무 침대〉 (강제규)
〈축제〉 (임권택)
〈학생부군신위〉 (박철수)

제17회 영평상
1997.5.23. 18:30 / 서울 종로5가 연강홀

1. 최우수 작품상 : 〈초록물고기〉 (이스트필름)
2. 감독상 : 해당자 없음
3. 여자연기상 : 김선재 (《시간은 오래 지속된다》)
4. 남자연기상 : 한석규 (《초록물고기》)
5. 각본상 : 이창동 (《초록물고기》)
6. 촬영상 : 김형구 (《비트》)
7. 기술상(조명) : 이강산 (《비트》)
8. 신인감독상 : 이창동 (《초록물고기》)
9. 신인연기상 : 정우성 (《비트》)·이혜은 (《코르셋》)
10. 특별상 : 이경순 녹음· 김수정 애니메이션

◆ 한국영화 베스트 7 ◆

〈바리케이드〉 (윤인호)
〈박봉곤 가출사건〉 (김태균)
〈비트〉 (김성수)
〈세친구〉 (임순례)
〈시간은 오래 지속된다〉 (김응수)

〈지독한 사랑〉 (이명세)
〈초록물고기〉 (이창동)

제18회 영평상
1998.5.22. 18:30 / 중구 남산동 영화감독협회 시사실

1. 최우수 작품상 : 〈8월의 크리스마스〉 (우노필름)
2. 감독상 : 허진호 (《8월의 크리스마스》)
3. 특별공로상 : 故 김기영 감독
4. 여자연기상 : 심은하 (《8월의 크리스마스》)
5. 남자연기상 : 송강호 (《넘버3》)
6. 각본상 : 송능한 (《넘버3》)
7. 촬영상 : 故 유영길 (《8월의 크리스마스》)
8. 음악상 : 최만식 (《접속》)
9. 기술상(조명) : 임재명 (《접속》)
10. 미술상 : 윤응원 (《조용한 가족》)
11. 신인감독상 : 장윤현 (《접속》)
12. 신인여우상 : 전도연 (《접속》)
13. 신인남우상 : 박신양 (《편지》)

◆ **한국영화 베스트 10** ◆

〈8월의 크리스마스〉 (허진호)
〈강원도의 힘〉 (홍상수)
〈나쁜영화〉 (장선우)
〈낮은 목소리2〉 (변영주)
〈넘버3〉 (송능한)
〈산부인과〉 (박철수)
〈접속〉 (장윤현)
〈조용한 가족〉 (김지운)
〈창〉 (임권택)
〈편지〉 (이정국)

제19회 영평상
1999.5.20. 18:30 / 한국프레스센터

1. 최우수 작품상 : 〈아름다운 시절〉 (백두대간)
2. 감독상 : 이광모 (《아름다운 시절》)
3. 여자연기상 : 이미숙 (《정사》)
4. 남자연기상 : 이정재 (《태양은 없다》)
5. 각본상 : 강제규 (《쉬리》)
6. 촬영상 : 김형구 (《아름다운 시절》)
7. 기술상(편집) : 박곡지 (《쉬리》)
8. 음악상 : 원일 (《아름다운 시절》)
9. 신인감독상 : 이정향 (《미술관 옆 동물원》)
10. 신인여우상 : 김윤진 (《쉬리》)
11. 신인남우상 : 이성재 (《미술관 옆 동물원》)
12. 특별상 : 강제규・변무림 (《쉬리》 기획)

◆ **한국영화 베스트 10** ◆

〈가족 시네마〉 (박철수)
〈내 마음의 풍금〉 (이영재)
〈마요네즈〉 (윤인호)
〈미술관 옆 동물원〉 (이정향)
〈쉬리〉 (강제규)
〈아름다운 시절〉 (이광모)
〈약속〉 (김유진)
〈여고괴담〉 (박기형)
〈정사〉 (이재용)
〈태양은 없다〉 (김성수)

제20회 영평상

2000.6.23. 18:30 / 한국프레스센터

1. 최우수 작품상 : 〈박하사탕〉 (이스트 필름)
2. 감독상 : 이창동 (《박하사탕》)
3. 공로상 : 김지미 배우
4. 여우주연상 : 전도연 (《해피엔드》)
5. 남우주연상 : 박중훈 (《인정사정 볼 것 없다》)
6. 각본상 : 이창동 (《박하사탕》)
7. 촬영상 : 정일성 (《춘향뎐》)
8. 음악상 : 조성우 (《인정사정 볼 것 없다》)
9. 기술상(시각효과) : 유동렬 (《유령》)
10. 신인감독상 : 정지우 (《해피엔드》)
11. 신인여우상 : 김민선·박예진·이영진 (《여고괴담 두 번째 이야기》)
12. 신인남우상 : 설경구 (《박하사탕》)
13. 특별상 : 변영주 (《숨결》)

※ 10선 선정하지 않음

제21회 영평상

2001.12.7. 18:30 / 한국프레스센터

1. 최우수 작품상 : 〈봄날은 간다〉 (싸이더스)
2. 감독상 : 임순례 (《와이키키 브라더스》)
3. 공로상 : 이영일·허창·안병섭 영화평론가
4. 여우주연상 : 배두나 (《고양이를 부탁해》)
5. 남우주연상 : 최민식 (《파이란》)
6. 각본상 : 김기덕 (《수취인불명》)
7. 촬영상 : 김형구 (《봄날은 간다》)
8. 음악상 : 최경식 (《흑수선》)
9. 기술상(편집) : 안병근 (《죽거나 혹은 나쁘거나》)
10. 신인감독상 : 송일곤 (《꽃섬》)
11. 신인남우상 : 양동근 (《수취인불명》)

12. 신인여우상 : 서주희 (《꽃섬》)

13. 특별상 : 〈친구〉 (관객동원)

◆ 한국영화 베스트 11 ◆

〈고양이를 부탁해〉 (정재은)

〈공동경비구역 JSA〉 (박찬욱)

〈꽃섬〉 (송일곤)

〈라이방〉 (장현수)

〈번지점프를 하다〉 (김대승)

〈봄날은 간다〉 (허진호)

〈수취인불명〉 (김기덕)

〈와이키키 브라더스〉 (임순례)

〈죽거나 혹은 나쁘거나〉 (류승완)

〈파이란〉 (송해성)

〈흑수선〉 (배창호)

제22회 영평상
2002.11.6. 18:30 / 한국프레스센터

1. 최우수 작품상 : 〈오아시스〉 (이스트필름)

2. 감독상 : 박찬욱 (《복수는 나의 것》)

3. 여우주연상 : 문소리 (《오아시스》)

4. 남우주연상 : 설경구 (《오아시스》)

5. 각본상 : 박찬욱 (《복수는 나의 것》)

6. 촬영상 : 정일성 (《취화선》)

7. 음악상 : 김대홍・김양희 (《집으로...》)

8. 기술상(미술) : 강승용・오상만 (《YMCA 야구단》)

9. 신인감독상 : 김인식 (《로드무비》)

10. 신인남우상 : 황정민 (《로드무비》)

11. 신인여우상 : 손예진 (《연애소설》)

12. 특별상 : 정소영 (감독)

◆ 올해의 베스트 10 ◆

〈YMCA 야구단〉 (김현석)
〈공공의 적〉 (강우석)
〈나쁜남자〉 (김기덕)
〈로드무비〉 (김인식)
〈복수는 나의 것〉 (박찬욱)
〈생활의 발견〉 (홍상수)
〈오아시스〉 (이창동)
〈집으로〉 (박정향)
〈취화선〉 (임권택)
〈해안선〉 (김기덕)

제23회 영평상
2003.11.13. 19:00 / 하이퍼텍 나다

1. 최우수 작품상 : 〈살인의 추억〉 (싸이더스)
2. 감독상 : 봉준호 (〈살인의 추억〉)
3. 여우주연상 : 이미숙 (〈스캔들-조선남녀상열지사〉)
4. 남우주연상 : 송강호 (〈살인의 추억〉)
5. 각본상 : 임상수 (〈바람난 가족〉)
6. 촬영상 : 이모개 (〈장화, 홍련〉)
7. 음악상 : 이병우 (〈스캔들-조선남녀상열지사〉)
8. 기술상(미술) : 장근영·김경희 (〈지구를 지켜라〉)
9. 신인감독상 : 장준환 (〈지구를 지켜라〉)
10. 신인여우상 : 임수정 (〈장화, 홍련〉)
11. 신인남우상 : 박해일 (〈질투는 나의 힘〉)

◆ 올해의 베스트 10 ◆

〈4인용 식탁〉 (이수연)
〈동승〉 (주경중)
〈바람난 가족〉 (임상수)

〈봄 여름 가을 겨울 그리고 봄〉 (김기덕)

〈살인의 추억〉 (봉준호)

〈스캔들−조선남녀상열지사〉 (이재용)

〈장화, 홍련〉 (김지운)

〈지구를 지켜라!〉 (장준환)

〈질투는 나의 힘〉 (박찬옥)

〈황산벌〉 (이준익)

제24회 영평상
2004.11.15. 19:00 / 하이퍼텍 나다

1. 최우수 작품상 : 〈올드보이〉 (쇼박스·에그필름)

2. 감독상 : 박찬욱 (《올드보이》)

3. 여우주연상 : 염정아 (《범죄의 재구성》)

4. 남우주연상 : 최민식 (《올드보이》)

5. 각본상 : 김기덕 (《빈집》)

6. 촬영상 : 홍경표 (《태극기 휘날리며》)

7. 음악상 : 조영욱 외 (《올드보이》)

8. 기술상(특수효과) : 정도안 (《태극기 휘날리며》)

9. 신인감독상 : 최동훈 (《범죄의 재구성》)

10. 신인여우상 : 강혜정 (《올드보이》)

11. 신인남우상 : 강동원 (《늑대의 유혹》)

12. 특별상 : 김동원 (《송환》)

◆ 올해의 베스트 10 ◆

〈거미숲〉 (송일곤)

〈범죄의 재구성〉 (최동훈)

〈빈집〉 (김기덕)

〈송환〉 (김동원)

〈실미도〉 (강우석)

〈여자는 남자의 미래다〉 (홍상수)

〈올드보이〉 (박찬욱)

〈주홍글씨〉 (변혁)
〈태극기 휘날리며〉 (강제규)
〈효자동 이발사〉 (임찬상)

제25회 영평상
2005.12.12. 18:30 / 국회의원회관

1. 최우수 작품상 : 〈형사 Duelist〉 (프로덕션 에므)
2. 감독상 : 이명세 (〈형사 Duelist〉)
3. 공로상 : 김종원・변인식 영화평론가
4. 여우주연상 : 전도연 (〈너는 내 운명〉)
5. 남우주연상 : 이병헌 (〈달콤한 인생〉)
6. 각본상 : 이원재 (〈혈의 누〉)
7. 촬영상 : 황기석 (〈형사 Duelist〉)
8. 음악상 : 달파란 (〈달콤한 인생〉)
9. 기술상(특수분장) : 신재호 (〈혈의 누〉)
10. 신인감독상 : 방은진 (〈오로라 공주〉)
11. 신인여우상 : 정유미 (〈사랑니〉)
12. 신인남우상 : 하정우 (〈용서받지 못한 자〉)

◆ **영평상 10대 영화** ◆

〈그때 그 사람들〉 (임상수)
〈너는 내 운명〉 (박진표)
〈달콤한 인생〉 (김지운)
〈말아톤〉 (정윤철)
〈연애의 목적〉 (한재림)
〈웰컴 투 동막골〉 (박광현)
〈주먹이 운다〉 (류승완)
〈친절한 금자씨〉 (박찬욱)
〈혈의 누〉 (김대승)
〈형사 Duelist〉 (이명세)

제26회 영평상

2006.12.21. 19:00 / 대학로 동숭아트센터

1. 최우수 작품상 : 〈가족의 탄생〉 (블루스톰)
2. 감독상 : 유하 (《비열한 거리》)
3. 특별공로상 : 이경자 편집
4. 여우주연상 : 장진영 (《청연》)
5. 남우주연상 : 안성기 (《라디오 스타》)
6. 국제평론가협회상 : 장률 (《망종》)
7. 각본상 : 김대우 (《음란서생》)
8. 촬영상 : 윤홍식 (《청연》)
9. 음악상 : 방준석 (《라디오 스타》)
10. 기술상(미술) : 조근현 (《음란서생》)
11. 신인감독상 : 김대우 (《음란서생》)
12. 신인여우상 : 한효주 (《아주 특별한 손님》)
13. 신인남우상 : 이영훈 (《후회하지 않아》)

◆ **2006 베스트 10** ◆

〈가족의 탄생〉 (김태용)
〈괴물〉 (봉준호)
〈라디오 스타〉 (이준익)
〈망종〉 (장률)
〈비열한 거리〉 (유하)
〈왕의 남자〉 (이준익)
〈음란서생〉 (김대우)
〈천하장사 마돈나〉 (이해준 · 이해영)
〈청연〉 (윤종찬)
〈타짜〉 (최동훈)

제27회 영평상
2007.11.30. 18:30 / 한국프레스센터

1. 최우수 작품상 : 〈우아한 세계〉 (루씨필름)
2. 감독상   : 이명세 (《M》)
3. 영화공헌상 : 유현목 감독
4. 여우주연상 : 전도연 (《밀양》)
5. 남우주연상 : 송강호 (《우아한 세계》)
6. 각본상   : 허진호 (《행복》)
7. 촬영상   : 이두만 (《화려한 휴가》)
8. 음악상   : 양방언 (《천년학》)
9. 기술상(미술) : 유주호·윤상윤 (《M》)
10. 신인감독상 : 정식·정범식 (《기담》)
11. 신인여우상 : 박시연 (《사랑》)
12. 신인남우상 : 다니엘 헤니 (《마이 파더》)

◆ 2007 베스트 10 ◆

〈검은 땅의 소녀와〉 (전수일)
〈미녀는 괴로워〉 (김용화)
〈밀양〉 (이창동)
〈사랑〉 (곽경택)
〈오래된 정원〉 (임상수)
〈우아한 세계〉 (한재림)
〈천년학〉 (임권택)
〈행복〉 (허진호)
〈화려한 휴가〉 (김지훈)
〈M〉 (이명세)

제28회 영평상

2008.11.5. 19:00 / 한국프레스센터

1. 최우수 작품상 : 〈밤과 낮〉 (영화사 봄)
2. 감독상 : 김기덕 (《비몽》)
3. 특별공로상 : 최은희 배우
4. 여우주연상 : 수애 (《님은 먼 곳에》)
5. 남우주연상 : 소지섭 (《영화는 영화다》)
6. 국제영화비평가연맹 한국본부상 : 이윤기 (《멋진 하루》)
7. 각본상 : 홍상수 (《밤과 낮》)
8. 촬영상 : 변희성 (《신기전》)
9. 음악상 : 김태성 (《크로싱》)
10. 기술상(미술) : 조상경 (《모던 보이》)
11. 신인감독상 : 장훈 (《영화는 영화다》)
12. 신인여우상 : 서우 (《미쓰 홍당무》)
13. 신인남우상 : 강지환 (《영화는 영화다》)

◆ **2008 베스트 11** ◆

〈님은 먼곳에〉 (이준익)
〈멋진 하루〉 (이윤기)
〈모던 보이〉 (정지우)
〈밤과 낮〉 (홍상수)
〈비몽〉 (김기덕)
〈신기전〉 (김유진)
〈영화는 영화다〉 (장훈)
〈우리 생애 최고의 순간〉 (임순례)
〈좋은 놈, 나쁜 놈, 이상한 놈〉 (김지운)
〈추격자〉 (나홍진)
〈크로싱〉 (김태균)

제29회 영평상
2009.10.29. 18:00 / 한국프레스센터

※ 신인평론상 신설

1. 최우수 작품상 : 〈마더〉 (바른손)
2. 감독상 : 김용화 (〈국가대표〉)
3. 공로영화인상 : 김수용 감독
4. 여우주연상 : 김혜자 (〈마더〉)
5. 남우주연상 : 이범수 (〈킹콩을 들다〉)
6. 국제영화비평가연맹 한국본부상 : 양익준 (〈똥파리〉)
7. 각본상 : 봉준호 (〈마더〉)
8. 촬영상 : 김영호 (〈해운대〉)
9. 음악상 : 이재학 (〈국가대표〉)
10. 기술상(CG) : 정성진 (〈국가대표〉)
11. 신인감독상 : 강형철 (〈과속스캔들〉)
12. 신인여우상 : 박보영 (〈과속스캔들〉)
13. 신인남우상 : 최재웅 (〈불꽃처럼 나비처럼〉)
14. 신인평론상 : 안숭범·박우성

◆ **영평 10선** ◆

〈과속스캔들〉 (강형철)
〈국가대표〉 (김용화)
〈낮술〉 (노영석)
〈똥파리〉 (양익준)
〈마더〉 (봉준호)
〈박쥐〉 (박찬욱)
〈쌍화점〉 (유하)
〈잘 알지도 못하면서〉 (홍상수)
〈킹콩을 들다〉 (박건용)
〈해운대〉 (윤제균)

제30회 영평상

2010.11.8. 18:00 / 한국프레스센터

1. 최우수 작품상　: 〈시〉 (파인하우스필름)
2. 감독상　: 장훈 (〈의형제〉)
3. 공로영화인상　: 신영균 배우 · 조관희 영화평론가
4. 여우주연상　: 서영희 (〈김복남 살인사건의 전말〉)
5. 남우주연상　: 강동원 (〈의형제〉)
6. 국제영화비평가연맹 한국본부상　: 우니 르콩트 (〈여행자〉)
7. 각본상　: 이창동 (〈시〉)
8. 촬영상　: 최영환 (〈전우치〉)
9. 음악상　: 김홍집 (〈하녀〉)
10. 기술상(미술)　: 박일현 (〈방자전〉)
11. 신인감독상　: 장철수 (〈김복남 살인사건의 전말〉)
12. 신인여우상　: 이민정 (〈백야행〉)
13. 신인남우상　: 송새벽 (〈방자전〉)
14. 신인평론상　: 이지현

◆ 영평 10선 ◆

〈김복남 살인사건의 전말〉 (장철수)

〈방자전〉 (김대우)

〈시〉 (이창동)

〈아저씨〉 (이정범)

〈의형제〉 (장훈)

〈이끼〉 (강우석)

〈전우치〉 (최동훈)

〈파주〉 (박찬옥)

〈하녀〉 (임상수)

〈하하하〉 (홍상수)

제31회 영평상

2011.11.11. 18:00 / 한국프레스센터

1. 최우수 작품상 : 〈고지전〉 (TPS컴퍼니)
2. 감독상 : 장훈 (〈고지전〉)
3. 공로영화인상 : 정창화 감독
4. 여우주연상 : 탕웨이 (〈만추〉)
5. 남우주연상 : 하정우 (〈황해〉)
6. 국제영화비평가연맹 한국본부상 : 전재홍 (〈풍산개〉)
7. 각본상 : 박상연 (〈고지전〉)
8. 촬영상 : 김태성·박종철 (〈최종병기 활〉)
9. 음악상 : 조성우·최용락 (〈만추〉)
10. 기술상(시각효과) : 한영우 (〈최종병기 활〉)
11. 신인감독상 : 박정범 (〈무산일기〉)
12. 신인여우상 : 유다인 (〈혜화,동〉)
13. 신인남우상 : 이제훈 (〈고지전〉)
14. 신인평론상 : 윤성은
15. 특별상 : 심재명 명필름 대표 (〈마당을 나온 암탉〉)

◆ **영평상 베스트 10** ◆

〈고지전〉 (장훈)
〈도가니〉 (황동혁)
〈만추〉 (김태용)
〈무산일기〉 (박정범)
〈부당거래〉 (류승완)
〈북촌방향〉 (홍상수)
〈써니〉 (강형철)
〈최종병기 활〉 (김한민)
〈파수꾼〉 (윤성현)
〈황해〉 (나홍진)

제32회 영평상

2012.11.7. 19:30 / 한국프레스센터

1. 최우수 작품상 : 〈피에타〉 (김기덕필름)
2. 감독상 : 김기덕 (〈피에타〉)
3. 공로영화인상 : 황정순 배우
4. 여우주연상 : 조민수 (〈피에타〉)
5. 남우주연상 : 안성기 (〈부러진 화살〉)
6. 국제영화비평가연맹 한국본부상 : 김기덕 (〈피에타〉)
7. 각본상 : 윤종빈 (〈범죄와의 전쟁: 나쁜놈들 전성시대〉)
8. 촬영상 : 최영환 (〈도둑들〉)
9. 음악상 : 이지수 (〈건축학개론〉)
10. 기술상(미술) : 오흥석 (〈광해, 왕이 된 남자〉)
11. 신인감독상 : 신아가·이상철 (〈밍크코트〉)
12. 신인여우상 : 김고은 (〈은교〉)
13. 신인남우상 : 김성균 (〈이웃사람〉)
14. 신인평론상 : 이대연

◆ **영평상 베스트 10** ◆

〈건축학 개론〉 (이용주)
〈광해, 왕이 된 남자〉 (추창민)
〈내 아내의 모든 것〉 (민규동)
〈다른 나라에서〉 (홍상수)
〈도둑들〉 (최동훈)
〈범죄와의 전쟁: 나쁜 놈들 전성시대〉 (윤종빈)
〈부러진 화살〉 (정지영)
〈은교〉 (정지우)
〈피에타〉 (김기덕)
〈화차〉 (변영주)

제33회 영평상

2013.11.29. 18:00 / 한국프레스센터

1. 최우수 작품상 : 〈설국열차〉 (모호필름·오퍼스 픽쳐스)
2. 감독상 : 봉준호(〈설국열차〉)
3. 공로영화인상 : 신성일 배우
4. 여우주연상 : 엄지원 (〈소원〉)
5. 남우주연상 : 송강호 (〈관상〉)
6. 여우조연상 : 박신혜 (〈7번방의 선물〉)
7. 남우조연상 : 조정석 (〈관상〉)
8. 국제영화비평가연맹 한국본부상 : 오멸 (〈지슬: 끝나지 않은 세월 2〉)
9. 각본상 : 신연식 (〈러시안 소설〉)
10. 촬영상 : 홍경표 (〈설국열차〉)
11. 음악상 : 이병우 (〈관상〉)
12. 기술상(시각효과) : 정성진 (〈미스터 고〉)
13. 신인감독상 : 허정 (〈숨바꼭질〉)
14. 신인여우상 : 정은채 (〈누구의 딸도 아닌 해원〉)
15. 신인남우상 : 여진구 (〈화이〉)
16. 신인평론상 : 성진수·이수향
17. 특별상 : 故 박철수 감독
18. CGV 스타상 : 이정재 (〈관상〉, 〈신세계〉)

◆ **영평 선정 10대 영화** ◆

〈7번 방의 선물〉 (이환경)
〈감시자들〉 (조의석·김병석)
〈관상〉 (한재림)
〈더 테러 라이브〉 (김병우)
〈베를린〉 (류승완)
〈설국열차〉 (봉준호)
〈숨바꼭질〉 (허정)
〈신세계〉 (박훈정)
〈우리 선희〉 (홍상수)

〈지슬: 끝나지 않은 세월2〉 (오멸)
〈화이: 괴물을 삼킨 아이〉 (장준환)

제34회 영평상
2014.11.13. 19:00 / 복합문화공간 아트나인

1. 최우수 작품상 : 〈자유의 언덕〉 (전원사)
2. 감독상 : 장률 (《경주》)
3. 공로영화인상 : 정일성 촬영감독
4. 여우주연상 : 천우희 (《한공주》)
5. 남우주연상 : 최민식 (《명량》)
6. 여우조연상 : 조여정 (《인간중독》)
7. 남우조연상 : 곽도원 (《변호인》)
8. 국제영화비평가연맹 한국본부상 : 연상호 (《사이비》)
9. 각본상 : 이수진 (《한공주》)
10. 촬영상 : 최찬민 (《군도》)
11. 음악상 : 조영욱 (《군도》)
12. 기술상(미술) : 장춘섭 (《명량》)
13. 신인감독상 : 양우석 (《변호인》)
14. 신인남우상 : 박유천 (《해무》)
15. 신인여우상 : 임지연 (《인간중독》)
16. 독립영화지원상 : 김경묵 (《이것이 우리의 끝이다》)
17. 신인평론상 : 송아름

◆ **영평 선정 10대 영화** ◆

〈경주〉 (장률)
〈그녀가 부른다〉 (박은형)
〈끝까지 간다〉 (김성훈)
〈명량〉 (김한민)
〈변호인〉 (양우석)
〈수상한 그녀〉 (황동혁)
〈용의자〉 (원신연)

〈자유의 언덕〉 (홍상수)

〈제보자〉 (임순례)

〈한공주〉 (이수진)

제35회 영평상
2015.11.16. 18:30 / 한국프레스센터

1. 최우수 작품상 : 〈사도〉 (타이커픽쳐스)
2. 감독상 : 류승완 (《베테랑》)
3. 공로상 : 정진우 감독
4. 여자연기상 : 김혜수 (《차이나타운》)
5. 남자연기상 : 정재영 (《지금은맞고그때는틀리다》)
6. 국제영화비평가연맹 한국본부상 : 장건재 (《한여름의 판타지아》)
7. 각본상 : 조철현·이송원·오승현 (《사도》)
8. 촬영상 : 김우형 (《암살》)
9. 음악상 : 방준석 (《사도》)
10. 기술상(미술) : 류성희 (《암살》)
11. 신인감독상 : 김태용 (《거인》)
12. 신인여우상 : 권소현 (《마돈나》)
13. 신인남우상 : 최우식 (《거인》)
14. 독립영화지원상 : 임흥순 (《위로공단》)
15. 신인평론상 : 문성훈

◆ 영평 선정 10대 영화 ◆

〈국제시장〉 (윤제균)

〈무뢰한〉 (오승욱)

〈베테랑〉 (류승완)

〈사도〉 (이준익)

〈소수의견〉 (김성제)

〈암살〉 (최동훈)

〈지금은맞고그때는틀리다〉 (홍상수)

〈차이나타운〉 (한준희)

〈카트〉 (부지영)
〈화장〉 (임권택)

제36회 영평상
2016.11.8. 18:30 / 한국프레스센터

1. 최우수 작품상 ：〈밀정〉 (워너브라더스 코리아・영화사 그림)
2. 감독상 ： 이경미 (《비밀은 없다》)
3. 공로영화인상 ： 임권택 감독
4. 여자연기상 ： 손예진 (《비밀은 없다》)
5. 남자연기상 ： 이병헌 (《내부자들》)
6. 국제영화비평가연맹 한국본부상 ： 이준익 (《동주》)
7. 각본상 ： 신연식 (《동주》)
8. 촬영상 ： 정정훈 (《아가씨》)
9. 음악상 ： 모그 (《밀정》)
10. 기술상(특수분장) ： 황효균・곽태용 (《부산행》)
11. 신인감독상 ： 윤가은 (《우리들》)
12. 신인여우상 ： 정하담 (《스틸 플라워》)
13. 독립영화지원상 ： 김동령・박경태 (《거미의 땅》)
14. 신인평론상 ： 손시내

◆ **영평 10선** ◆

〈곡성〉 (나홍진)
〈내부자들〉 (우민호)
〈동주〉 (이준익)
〈밀정〉 (김지운)
〈부산행〉 (연상호)
〈비밀은 없다〉 (이경미)
〈아가씨〉 (박찬욱)
〈아수라〉 (김성수)
〈우리들〉 (윤가은)
〈터널〉 (김성훈)

제37회 영평상
2017년 11.9. 18:30 / 한국프레스센터

1. 최우수 작품상 : 〈남한산성〉(싸이런 픽쳐스)
2. 감독상 : 황동혁 (〈남한산성〉)
3. 공로상 : 전조명 촬영감독
4. 여우주연상 : 나문희 (〈아이 캔 스피크〉)
5. 남우주연상 : 설경구 (〈불한당: 나쁜 놈들의 세상〉)
6. 여우조연상 : 전혜진 (〈불한당: 나쁜 놈들의 세상〉)
7. 남우조연상 : 유해진 (〈택시운전사〉)
8. 국제영화비평가연맹 한국본부상 : 봉준호 (〈옥자〉)
9. 각본상 : 황성구 (〈박열〉)
10. 촬영상 : 김지용 (〈남한산성〉)
11. 음악상 : 류이치 사카모토 (〈남한산성〉)
12. 기술상(미술) : 이후경 (〈군함도〉)
13. 신인감독상 : 강윤성 (〈범죄도시〉)
14. 신인여우상 : 최희서 (〈박열〉)
15. 신인남우상 : 박서준 (〈청년경찰〉)
16. 독립영화지원상 : 이영 (〈불온한 당신〉)·조현훈 (〈꿈의 제인〉)
17. 신인평론상 : 최재훈

◆ **영평 10선** ◆

〈군함도〉(류승완)
〈남한산성〉(황동혁)
〈미씽: 사라진 여자〉(이언희)
〈박열〉(이준익)
〈밤의 해변에서 혼자〉(홍상수)
〈범죄도시〉(강윤성)
〈불한당: 나쁜 놈들의 세상〉(변성현)
〈아이 캔 스피크〉(김현석)
〈청년경찰〉(김주환)
〈택시운전사〉(장훈)

제38회 영평상

2018.11.13. 18:30 / 한국프레스센터

1. 최우수 작품상 : 〈1987〉(우정필름)
2. 감독상 : 윤종빈 (〈공작〉)
3. 공로상 : 윤정희 배우
4. 여우주연상 : 한지민 (〈미쓰백〉)
5. 남우주연상 : 이성민 (〈공작〉)
6. 여우조연상 : 권소현 (〈미쓰백〉)
7. 남우조연상 : 주지훈 (〈공작〉)
8. 국제영화비평가연맹 한국본부상 : 이창동 (〈버닝〉)
9. 각본상 : 김태균·곽경택 (〈암수살인〉)
10. 촬영상 : 홍경표 (〈버닝〉)
11. 음악상 : 김태성 (〈1987〉)
12. 기술상(시각효과) : 진종현 (〈신과 함께-죄와벌〉)
13. 신인감독상 : 전고운 (〈소공녀〉)
14. 신인여우상 : 김가희 (〈박화영〉)
15. 신인남우상 : 남주혁 (〈안시성〉)
16. 독립영화지원상 : 김일란·이혁상 (〈공동전범〉)·전고운 (〈소공녀〉)
17. 신인평론상 : 조한기
18. 특별상 : 故 홍기선 감독

◆ **영평 10선** ◆

〈1987〉(장준환)
〈강철비〉(양우석)
〈공작〉(윤종빈)
〈리틀 포레스트〉(임순례)
〈미쓰백〉(이지원)
〈버닝〉(이창동)
〈살아남은 아이〉(신동석)
〈소공녀〉(전고운)
〈안시성〉(김광식)

〈암수살인〉(김태균)

〈허스토리〉(민규동)

제39회 영평상
2019.11.13. 18:30 / KG타워 KG하모니홀

1. 최우수 작품상   : 〈기생충〉(바른손이앤에이)
2. 감독상 : 봉준호 (〈기생충〉)
3. 공로영화인상 : 엄앵란 배우
4. 여우주연상 : 김향기 (〈증인〉)
5. 남우주연상 : 신하균 (〈나의 특별한 형제〉)
6. 여우조연상 : 김새벽 (〈벌새〉)
7. 남우조연상 : 진선규 (〈극한직업〉)
8. 국제영화비평가연맹 한국본부상 : 김보라 (〈벌새〉)
9. 각본상 : 육상효 (〈나의 특별한 형제〉)
10. 촬영상 : 홍경표 (〈기생충〉)
11. 음악상 : 김준석 (〈스윙키즈〉)
12. 기술상(미술) : 박일현 (〈스윙키즈〉)
13. 신인감독상 : 김보라 (〈벌새〉)
14. 신인여우상 : 박지후 (〈벌새〉)
15. 신인남우상 : 박형식 (〈배심원들〉)
16. 독립영화지원상 : 강상우 (〈김군〉)・김보라 (〈벌새〉)
17. 신인평론상 : 대상자 없음

◆ **영평 10선** ◆

〈강변호텔〉(홍상수)

〈군산: 거위를 노래하다〉(장률)

〈극한직업〉(이병헌)

〈기생충〉(봉준호)

〈김군〉(강상우)

〈미성년〉(김윤석)

〈벌새〉(김보라)

〈생일〉 (이종언)

〈엑시트〉 (이상근)

〈완벽한 타인〉 (이재규)

제40회 영평상
2020.11.11. 18:30 / KG타워 KG하모니홀

1. 최우수 작품상 : 〈남산의 부장들〉 (하이브미디어코프·젬스톤픽처스)
2. 감독상 : 임대형 (《윤희에게》)
3. 공로영화인상 : 김종원 영화평론가
4. 여우주연상 : 정유미 (《82년생 김지영》)
5. 남우주연상 : 이병헌 (《남산의 부장들》)
6. 여우조연상 : 김미경 (《82년생 김지영》)
7. 남우조연상 : 박정민 (《다만 악에서 구하소서》)
8. 국제영화비평가연맹 한국본부상 : 홍상수 (《도망친 여자》)
9. 각본상 : 임대형 (《윤희에게》)
10. 촬영상 : 이형덕 (《반도》)
11. 음악상 : 김해원 (《윤희에게》)
12. 기술상(특수효과) : 정도안·윤형태 (《반도》)
13. 신인감독상 : 윤단비 (《남매의 여름밤》)
14. 신인여우상 : 강말금 (《찬실이는 복도 많지》)
15. 신인남우상 : 곽민규 (《이장》)
16. 독립영화지원상 : 한가람 (《아워바디》)·김미례 (《동아시아반일무장전선》)
17. 신인평론상 : 강선형

◆ 영평 10선 ◆
〈82년생 김지영〉 (김도영)

〈남매의 여름밤〉 (윤단비)

〈남산의 부장들〉 (우민호)

〈다만 악에서 구하소서〉 (홍원찬)

〈도망친 여자〉 (홍상수)

〈백두산〉 (이해준·김병서)

〈윤희에게〉 (임대형)

〈지푸라기라도 잡고 싶은 짐승들〉 (김용훈)

〈찬실이는 복도 많지〉 (김초희)

〈프랑스여자〉 (김희정)

편집자의 말

[편집자의 말]

출판이사 **송아름** · 출판간사 **윤필립**

올해 초 뉴스에서 들려왔던 낯선 명칭이 일 년 내내 우리의 일상을 뒤흔들 것이라고는 상상조차 하지 못했다. 당연한 것을 당연하게 하지 못하는 답답함은 그저 그랬던 하루조차 얼마나 중요한 날들이었는지를 새삼 확인시켜 주었다. 별 생각 없이 보던 영화 한 편, 영화가 끝나고 아무 데나 걸터앉아 나누던 특별할 것 없던 수다들은 그립고 또 그리운 그때가 되었다. 영화에서 관객들이 멀어질 수밖에 없던 올한 해, 한국영화는 많이도 앓았다. 미처 개봉조차 하지 못한 영화들이 쌓였고 개봉을 한다 해도 관심 밖으로 밀려날 수밖에 없는 상황이 이어졌다. 이 사이 관객들은 폭발하기 시작한 수많은 콘텐츠로 눈을 돌려 새로운 재미를 찾아냈다. 짧지 않은 시간, 한국영화는 길을 헤맸고 힘을 잃었다. 그러나 과연 이 상황을 올해의 갑작스러운 사태만으로 설명해도 될까. 이번 『영화평론』 32호는 과거와 현재를 그 어느 때보다 담담하게 바라보려 한다. 무조건적인 옹호나 연민이 아닌 냉정한 시선만이 이후로 나아갈 힘을 북돋을 수 있을 방법이라 생각했기 때문이다. 작년 한 해 한국영화에 쏟아졌던 상찬을 뒤로하고 이젠 명확하게 현실을 마주해야 한다는 생각으로 『영화평론』을 채워나갔다.

먼저 올해, 2020년은 영평 창립의 60주년이자 영평상이 40회를 맞는 해이다. 1960년부터, 그리고 1980년부터 명맥을 이어오고 있는 '영평'과 '영평상'은 한국영화사를 관통하며 현재에 이르렀다. 한 집단의 역사일 뿐만 아니라 한국영화의 역사를 담고 있는 이 시간들은 여러 필자에 의해 촘촘하게 기술되었다. 〈영평·영평상의 시간

-영평 창립 60주년과 영평상 40회 톺아보기〉에서는 영평의 60년을 돌아보면서 영평의 주요 순간들을 짚어냈고, 10년 단위로 살핀 영평상의 경향을 통해 영화사의 장면들과 마주하고자 했다. 이는 어디선가 들어봤던 '명작' 한국영화들이 당대 어떤 평가를 받았는지, 또 그것의 의미는 무엇인지를 확인하면서 지금과는 또 다른 한국영화의 맥을 훑게 해줄 것이다.

다음으로는 현재의 한국영화가 어떻게 흘러가고 있는지에 대한 화두를 던지고자 했다. 앞서 이야기했듯, 많은 매체에서 이야기하고 있는 한국영화의 관객 감소는 올해 갑작스레 나타난 현상이 아니었다. 최근 몇 년간 한국영화는 관객을 잃었고 눈에 띌만한 작품을 꼽는 것이 어려워졌다. 과연 이것을 영화 외적인 문제만으로 설명할 수 있을까. 〈한국영화 위기진단-한국영화는 지금, 어떻게 존재하는가〉에서는 현재의 한국영화가 어떤 방향으로 흘러가고 있는지에 대해 비판적인 시선으로 훑어간다. 한국영화가 얼마나 무딘 젠더 감수성으로 뒤덮여 있는지, 기획의 단계가 얼마나 엉성한지, 또 '영화적'이라는 것에 대한 고민과 관객에 대한 존중이 얼마나 부재해 있는지에 대해 살펴본다. 쓰린 이야기이지만 한편으로는 이미 많은 관객들이 쏟아냈던 이야기라는 점에서 늦은 감이 없지 않다. 단지 아픈 이야기만으로 남지 않길 바란다.

올해도 신인감독론과 국내외 영화 단평은 착실하게 자리를 지켰으며, 한 해 가장 도드라진 활약을 펼친 신인감독을 위한 섹션 〈신인의 발견〉은 윤단비 감독에 대한 글로 채워졌다. 재작년과 작년, 그리고 올해까지 3년째 여성 감독이 이 자리에 이름을 올리고 있다. 그들의 이야기가 어떻게 관객들과 공명하고 있는지 귀 기울여 보자. 그리고 힘든 와중에도 많은 이들의 관심을 받았던 국내외 영화의 단평에도 역시 눈길을 닿길 기대한다.

작년에는 비어 있던 〈신인평론상〉 자리가 올해는 든든히 채워졌다. 언제부터인가 한땀 한땀의 글로 지면을 채우는 것은 진부한 일이 되어 버렸다. 특히 오랫동안 반복되는 영화평론의 위기라는 말은 이를 더욱 실감하게 했다. 그럼에도 올해 신인평론상에 응모된 글은 넘쳤고, 지난하게 이어질 비평하기에 대한 기대를 읽어낼 수 있었다. 올해의 당선자 역시 글로 영화를 옮기기 위해 무수한 노력을 기울이면서도 평론에 대한 의심과 기대를 오갔을 것이다. 그의 글을 통해 독자들 역시 진중한 고민의 순간을 함께 하길 바란다.

마지막으로 1~40회까지의 '영평상 시상 내용'과 오랜 기간 꼽아온 '영평이 선정한 한국영화'를 정리하여 부록으로 실었다. 이는 단순히 '40회'를 기념하기 위한 것이라기보다, 잡음 없이 매해 중요한 행사를 이어간 한 집단의 선택과 이것으로 쌓은 시간에 대한 헌사라 할 것이다. 영평상 시상 내용이 여러 사이트에 정리되어 있긴 하지만 정확한 일자나 장소 등은 명시되어 있지 않으며, 1993년 처음으로 열 편의 영화를 꼽아 이어갔던 기록들이 모두 정리된 곳은 찾지 못했다. 한곳에 모아둔 이 기록은 한국영화의 역사를 살피는 데에 매우 중요한 자료가 될 수 있을 것이라 생각한다.

지금은 명칭이 사라진 영화진흥공사 시사실에서 진행된 제1회의 영평상은 실시간 온라인으로 송출되는 제40회의 영평상으로 이어졌다. 1회에서 40회를 이어간다는 것은 이처럼 거대한 변화가 일어날 만큼의 시간을 견뎌냈다는 의미일 것이다. 영평상의 시상 내역이나 명칭이 조금씩 바뀌기도, 겨울에서 봄으로 다시 늦가을로 시상식의 계절이 바뀌기도 했다. 지금은 당연하게 사용하는 '영평10선'이라는 명칭도 어느 해에는 '한국영화 베스트', '올해의 베스트 한국영화'와 같은 명칭을 사용하기도 했으며, 7편을 뽑는 해도, 11편을 뽑는 해도, 많진 않지만 건너뛰는 해도 있었다. 영평상의 상징인 '시상자의 단평'은 1993년부터 시작, 정례화되어 지금까지 이어지고 있으며, 2009년 신설된 신인평론상은 영평의 역사에 자리를 넓히고 있다. 이렇게 조금씩 변해간 영평상은 영화평론가들의 고민을 고스란히 보여주며 그 자체로 역사가 되었다. 영평상은 첫 해인 1980년, 〈80년 한국영화의 좌표〉라는 주제의 심포지엄과 함께 진행되었던 것처럼 지금도 한 해 혹은 한 시대의 좌표를 제시하며 조촐하게 진행되고 있다. 그럼에도 영평상이 수상자들에게 가장 큰 감동을 주는 상이라는 점은 이처럼 천천히 쌓아 이어간 한국영화에 대한 고민과 성찰의 결과이지 않을까 싶다.

돌아보면 매해 많은 일이 일어나지 않은 해가 어디 있겠느냐마는, 2020년은 너무 큰일이 일어나 어떤 일도 일어나지 않은 것 같은 한 해 였다. 편히 커피 한 잔을 마실 상대도 공간도 잃어버린 지금에서야 예전의 우리가 행복했다는 것을 느끼는 참담함을 언제쯤 떨쳐낼 수 있을까. 그래도 우리는 언젠가 그 날이 올 것이라 기대한다. 그 기대의 끝에 편안하게 볼 수 있는 좋은 영화를 만날 수 있길, 그래서 행복한 마음으로 다시 내년의 지면을 채울 수 있길 역시 기대한다.